Les Illustres Proverbes Historiques: Ou Recueil De Diverses Questions Curieuses, Pour Se Diuenir Agreablement Dans Les Compagnies

Adrien De Chabannais De Montluc

LES ILLVSTRES
PROVERBES
HISTORIQVES,
OV
RECVEIL DE DI-
VERSES QVESTIONS
curieuses , pour se diuertir
agreablement dans les
Compagnies.

Ouurage tiré des plus celebres Au-
theurs de ce Temps.

Seconde Edition.

A PARIS,
Chez PIERRE DAVID,
Quay, & proche la grande
porte des Augustins.

M. DC. LVII.
Auec Priuilege du Roy.

LE
LIBRAIRE
AV
LECTEVR.

ECTEVR, Ie vous donne vn ouurage qui m'a esté mis entre les mains, par vne personne de tres-haute consideration & dont la modestie ne veut pas que son nom paroisse

à la teſte de ce Liure. Vous
y trouuerez ſans doute le
moyen de paſſer quelques
heurès de temps aſſez
agreablement , ſi vous
vous donnez la peine d'e-
xaminer la conuerſation
d'vn doctè Philoſophe ,
auec vn Manan tout à
fait ignorant. Vous re-
marquerez cela ie m'aſ-
ſure dans les entretiens
familiers des deux perſon-
nages de ce Dialogue, où
l'ignorance d'vn ſimple
païſan fait éclater la ſcien-
ce d'vn ſçauant Philoſo-
phe, & où la lumiere de

l'vn diſſipe les tenebres de l'autre ; l'ignorant fagotte ſon diſcours (s'il m'eſt permis d'vſer de ce terme) des meſmes fleurs dont noſtre Philoſophe compoſe le ſien ; mais c'eſt auec vn tel deſordre qu'ó ne le peut ouïr & s'empeſcher de rire ; Et le Philoſophe vſant des meſmes termes lie vn diſcours auec vne induſtrie qui chatoüille l'oreille, attire l'attention, & captiue les cœurs de ceux qui l'eſcoutent, & qui le liſent.

Ce n'eſt pas ſans ſüiet

que ie mets pour tif-
ere au frontiſpice de ce liure , *Les Illuſtres Prouerbes*
Hiſtoriques ; puiſqu'à tous
les Prouerbes qu'il con-
tient, vous trouuerez vne
Hiſtoire qui explique l'e-
timologie, ou l'antiquité
du Prouerbe dont il trai-
te , & dont iuſques à preſent il ne s'eſt trouué ouurage traitté de cette
matiere , auec tant d'a-
gréemens & de diuertiſ-
femens. Vous qui lirez
ou entendrez les entre-
tiens de noſtre Philoſo-
phe auec ce Manan , ſui-

tes voftre profit des propos de l'vn & de l'autre,
& apres auoir ry & raillé
de l'ignorance de noftre
payfan, admirez la fcien-
ce incomparable de no-
ftre Docteur. Voyla ce
que i'auois à vous dire
dire, touchant cette pre-
miere partie des Prouer-
bes, que ie vous offre de
tout mon cœur. En at-
tendant la feconde.

PRIVILEGE DV ROY.

LOVIS par la grace de Dieu Roy
de France & de Nauarre, A nos
amez & feaux Conseillers, les gens tenans
nos Cours de Parlements, Baillifs, Se-
neschaux, Preuosts, ou leurs Lieutenans,
& autres Iusticiers, & officiers qu'il ap-
partiendra, Salut, Nostre cher, & bien
amé PIERRE DAVID, Marchand Li-
braire en nostre bonne ville de Paris, nous
a fait remonstrer qu'il a recouuert vn Liure intitulé les Illustres Prouerbes, conte-
nans diuerses questions curieuses & re-
creatiues; lequel il desireroit faire Imprimer, vendre & debiter s'il auoit nos Lettres à ce necessaires, qu'il nous a hum-
blement supplié luy octroyer A CES CAV-
SES, voulant fauorablement traitter l'ex-
posant, luy auons permis & octroyé per-
mettrons & octroyons par ces presentes
faire Imprimer sodit Liure, en telle mar-
ge & caractere, & autant de fois que bon
luy semblera & le mettre & exposer en
vente durant neuf ans, pendant lesquels
faisons tres expresses inhibitions & deffen-
ces à tous Libraires, Imprimeurs, & autres
personnes, de quelque qualité & condi-
tion qu'elles soient d'Imprimer ou faire

primer ledit Liure , & iceluy mettre en
vente , fans le confentement dudit expo-
fant ou de ceux qui auront droit de luy,
à peine de cinq cens liures d'amende, con-
fifcation des exemplaires , defpens, dom-
mages & interefts, appliquables enuers
luy , à la charge d'en mettre deux exemplaires en noftre Biblioteque publique, &
vn en celle de noftre tres-cher & feal
Cheualier & Garde des Seaux de France
le Sieur Molé, auant que de l'expofer en
vente, & de faire regiftrer ces prefentes au
Regiftre de la Communauté des Imprimeurs de l'Vniuerfité de Paris. Si vous
mandons , que du contenu vous faffiez
iouïr ledit fuppliant pleinement & paifiblement , fans permettre qu'il luy foit
fait, mis , ou donné aucun trouble ou
empefchement, au contraire voulons qu'en
mettant par luy au commencement ou à
la fin de chacun exemplaire autant des prefentes ou vn extraict d'icelles qu'elles
foient tenuës pour deuëment fignifiées, &
qu'à la collation faite par l'vn de nos
am.z & feaux Confeillers & Secretaires
foy foit adjoustée comme au prefent Ori-
ginal. Mandons en outre au premier noftre Huiffier , ou Sergent , faire pour
l'execution des prefentes tous Exploits re-
quis & neceffaires , fans demander autre
fongé ny pareatis, CAR tel eft noftre

plaifir. DONNE' à Paris le 24. Feurier, l'an de grace 1654. & de noftre regne l'on-zieſme. Signé , par le Roy en fon con-ſeil, GVITONNEAV, & fcellé du grand Sceau de cire jaune.

‡ Regiftré fur le Liure de la Communauté le 18. Mars 1654. Signé Ballard.

Les exemplaires ont efté fournis.

Acheué d'imprimer pour la premiere fois le 7. Iuin, 1655.

LES ILLVSTRES
PROVERBES
HISTORIQVES.

OV RECVEIL DE DIVERSES
questions curieuses, pour se diuertir agreablemét dans les Compagnies.

PROPOSEZ ET EXPOSEZ EN
forme de Dialogue, entre vn
Philosophe. & vn *Manan.*

CHAPITRE I.

*Il a fait comme le Valet de Marot. Il
a pñé la toillete. Il a fait Gille. Tres-
flageulamen. Vn Manceau vaut
vn Norman & demy.*

L E *Philosophe.* Mon cher *Manan,*
souffre que ie descharge dans

ton sein la douleur qui m'afflige.
Mon Valet a fait auiourd'huy,
comme le Valet de Marot : il s'est
leué plus matin que moy, & ayant
plié ma toillette, il a fait Gilles au
point du iour.

Le Manan. Parlez François, s'il
vous plaist que ie vous entende,
car ie ne sçay point de Latin, &
pour du grais, i'en casse. En va
mot, ie n'entens point vos termes.

PROV.
I.
Il a fait
comme le
Valet de
Marot.

Le Phil. Il faut donc que ie m'explique pour te faire cognoistre le
suiet de mon affliction : Si tu estois
versé dans les Histoires, tu sçaurois
que le Poëte Marot eut vn Valet,
qui s'estant vn iour leué fort matin,
plia la toillette, ou le deshabiller
de son Maistre ; & la mit dans son
sac de nuict, auec quelques autres
hardes, & mesme vne somme d'argent, & s'enfuit auecque son vol.

II.
Il a plié la
toillette,

Mon Valet a fait de mesme. Il m'a
volé, & s'en est allé.

Le Manan. I'entens vos premiers
termes, mais i'ignore encor les der-

niera, & ie ne ſçay pourquoy vous
dites, que voſtre Valet a fait Gille.

Le Phil. Quand quelqu'vn s'eſt
deſtrobé, & s'en eſt fui ſecretement,
on dit qu'il a fait Gille; parce que
Sainct Gille, Prince du Languedoc,
s'enfuit ſecretement, de peur d'e-
ſtre fait Roy: ie veux donc dire,
que mon Valet s'en eſt fuï.

Le Manan. Voila qui me plaiſt,
quand on ſçait rendre raiſon de ce
qu'on dit; Touteffois, à mon iugement, cela ne deuroit eſtre dit que
de ceux qui s'enfuïent, de peur d'e-
ſtre éleuez en honneur, & dignité.
Mais de grace, dites moy, de quel
païs eſtoit ce voleur?

Le Phil. Il eſtoit de Caën en France (comme parlent ceux du païs)
c'eſt à dire Franc Norman, & vray
Traiſſagoulamen, eſtant doüé de
toutes les rares qualitez, que tout
le monde attribue aux Normans,
épiloguées en ce mot & deſignées
dans les cinq Syllabes de *Trai-*
ſſagoulamen: car il eſtoit traitre, Flat-

III.
Faire gile.

IV.
Traiſſagou
lamen.

teur, Gourmand, Larron, & Men-
teur.

Le Manan. Il valoit donc le tiers
d'vn Manceau, puis qu'il eſtoit
Normand:car on dit ordinairement,
qu'vn Manceau vaut vn Normäd &
demy.

Le Phil. Tu n'entens pas le terme.
Il eſt vrày, qu'on dit ordinairement,
quand on veut piquer, ou railler
ceux du païs du Mans, ou du Maine, qu'vn Manceau vaut vn Normand & demy ; mais cela ſe doit
entendre en valeur, & non pas en
méchancetez, pour deux raiſons
principales. La premiere, parce qu'il y auoit certaines pieces de
Monnoye dans ces deux Prouinces, lors qu'elles appartenoient à
des Princes particuliers, leſquelles
on nommoit *Manceau* & *Normand.*
Le Manceau, c'eſt à dire la piece
de monnoye qu'on nommoit ainſi,
valoit vn Normand & demy. Voila la premiere raiſon La ſeconde
eſt fondée ſur la vaillance de l'vn

V.
Vn Man-
ſeau vaut
vn Nor-
mand &
demy.

& de l'autre Peuple : car bien que
le païs du Maine foit beauconp plus
petit que la Normandie, & qu'ayant
guerre l'vn contre l'autre, les Normans fuſſent beaucoup plus forts en
nombre: neantmoins les Manceaux
ſe ſont touſiours genereuſement
maintenus, & deffendus contr'eux:
à raiſon dequoy on eſtimoit, & on
diſoit qu'vn Manceau valoit vn
Normand & demy en geneꞧoſité.
Par là, tu peux connoiſtre ton erreur, qui eſt auſſi l'erreur commune : veu qu'elle impute à blaſme aux
Manceaux vne deuiſe, qui eſt le ſuiet de leur gloire: & pleuſt à Dieu,
que mon Valet euſt eſté Manceau,
peut eſtre qu'il ne m'euſt pas volé.

CHAPITRE XII.

Il souuient tousiours à Robin de
sa flute.

Le Maman. VOus le redites encore. Ie vois bien
qu'il souuient tousiours à Robin de
sa flute.

Le Philosophe. Et moy i'apperçois
bien que tu n'a pas l'intelligence
de ce que tu dis : car si tu l'auois
entendu, tu aurois dit, qu'il souuient tousiours à Robine de sa fluste, & non pas à Robin.

Il souuient
tousiours à
Robin de
sa flute.

Le Maman. Ie l'entens peut estre
mieux que vous ; mais i'ay pris l'vn
pour l'autre : car ne croyez pas que
i'ignore que cette façon de parler
vient de l'histoire d'vne fille, laquelle pissant vn peu roide, s'imagina
que son chose sifloit, parce qu'il

faifoit vn certain bruit pareil au
fifflement que nous faifons auec
la bouche, & luy dit : ha ha galand,
vous fifflez, vrayement vous aurez
vne flufte. Elle n'oublia pas à luy
en donner vne , comme elle luy
auoit promis : d'où est venu le Prouerbe : *Il fouuient toufiours à Robin
de fa flufte.*

❧❧❧ : ❧❧❧ : ❧❧❧

CHAPITRE III.

*Vade & Occide Caïm : Va, &
tuë Caïm. Refolu comme Berthau. Il fait comme les Anguilles de Melun , il crie deuant qu'on l'écorche.*

Le Philofophe. IE vois bien que tu
l'entens; mais tout
ce que tu dis, ne ramene point mon
Valet auec mon argent.

Le Manan. Vade, & occide Caïm,

ventre ſaint Gris, courezaprés, al-
lez & tuez ce Caïm, auſſitoſt que
vous l'aborderez, il tremblera de
peur. En apparence, il eſt reſolu
comme Berthau, & à le voir net
comme vn denier, ainſi qu'il eſt touſiours, on admire ſa Propreté, &
on diroit que c'eſt quelque choſe;
mais auſſi toſt qu'on le veut approcher, & pincer, il fait comme les
Anguilles de Melun, il crie deuant
qu'on l'écorche.

    Le Philoſophe. Il fait le reſolu, &
toy tu fais l'entendu : car ie voy
bien que tu t'écoute parler, encore que tu parle comme vn Perro-
quet, & que tu n'entende pas ce
que tu dis : car qu'entends tu par là?
Vade & Occide Caïm. Il eſt reſolu
comme Berthaü. Il fait comme les
Anguilles de Melun. Il crie deuant
qu'on l'écorche.

    Le Manan. Ce ſont des Prouer-
bes aſſez communs, & i'en vſe ordinairement comme les autres.

    Oüy, mais tu ne les rapportes pas

bien : parce que tu ne les entens pas.
Si tu entendois le premier , tu ne
l'alleguerois pas , pour m'inciter à
courir apres mon Voleur : Ce sont
les termes par lesquels on exhorte à
Montpellier les ieunes Medecins à
la prattique de la Medecine , quand
on les passe Docteurs : car on leur
dit : *Vade & Occide Caïm,* va , &
tue Caïm. C'est à dire , va faire ton
apprentissage aux perils & Fortunes
des Carmes, Augustins, Iacobins, &
Mineurs , qu'on nomme autrement
Cordeliers Ces mots commencent
par les cinq lettres du mot Caïm.
Quant au second si tu l'entendois
bien , *Il est resolu comme Bertolo , ou*
Bertole , non pas comme Berthau ;
on dit ainsi, à cause que Bertol estoit
en son temps vn grand Iurisconsulte,
qui a fort doctement écrit de la Iu-
risprudence , les maximes duquel
sont suiuies dans les Barreaux, comme les Aphorismes d'Hypocrate en
fait de Medecine, & comme les Axio-
mes d'Arist. entre les Philosophes ;

A

& quand on dit dans les Parleméts,
Bertole dit, on écrit cela, l'affaire eſt
reſoluë ſás plus debattre: c'eſt pour
cela qu'on dit, *Reſolu comme Bertole*.
Ie ſçay qu'vn certain Autheur Ano-
nime rapporte ce Prouerbe à vn autre principe: mais c'eſt en bouffon-
nant. Il raconte qu'il y auoit dans
Roüen vn certain Maiſtre Berthau,
tellement obſtiné à ce qu'il auoit
reſolu, qu'il n'en démordoit iamais:
pour preuue de quoy quelques bős
Compagnons ayans vn iour gagé
contre luy, qu'il ne pouroit s'abſte-
nir de rire ny de remuer, s'ils le portoient parmy la ville cóme vn mort,
& luy ayant souſtenu le contraire,
ils le promenerent par les principales ruës, chantans comme des fols,
& crians comme des enragez: helas
Maiſtre Berthau eſt mort, le pauure
Maiſtre Berthau eſt mort, & auec
cela les vns le picquoient, les autres le pinſoient aux foſſes, &
ailleurs, pour l'obliger à parler, ou
à ſe mouuoir: mais quelque choſe

qu'ils luy puſſent dire ou faire, il
demeura immobile côme vn mort
iuſques à ce qu'vn de la tróupe ſe
reſſouuenant qu'ils s'offenſoit ordinairement, & extraordinairemét,
quãd on ne l'appelloit pas Maiſtre,
ſe mit à crier, & chanter : helas le
pauure Berthau eſt mort. Luy qui
s'eſtoit monſtré inſenſible, iuſqu'à
cette heure là, deuenu ſenſible à
l'affront qu'il croyoit receuoir de
n'eſtre pas appellé Maiſtre, s'écria
à haute voix : vous en auez menty
Pendars, il y a bien du Maiſtre pour
vous. Cette breche qu'il fit à ſa re-
ſolùtion, & à l'enuie qu'il auoit de
paſſer en l'ópinió du vulgaire pour
homme reſolù, n'empeſcha pas
qu'ón ne dit par apres, comme tu
viens de dire : *Reſolù comme Ber-*
thau ; Or cette ethimologie eſt
facetieuſe, & tient de la bouffon-
nerie, receuable ſeulement à Ca-
reſme-prenant, mais en tout autre
temps la premiere eſt valable.

Le Manan. Et l'anguille de Me-

A

XIII.
Il fait com-
me les An-
guilles de
Melun, il
crie deuant
qu'on l'é-
corche.

lun n'oubliez pas de l'écorcher.

Le *Phil,* Ie la tiens par la queuë:
Dans Melun, qui eſt vne ville de la
prouince de Brie, ſituée ſur la riuiere de Seine à neuf ou dix lieuës
au deſſus de Paris, il y auoit vn
ieune homme ſurnommé l'Anguil-
lé, lequel en vne comedie qui ſe
ioüoit publiquement, repreſentoit
le perſonnage de S. Barthelemy.
Comme l'executeur le voulut approcher, le couſteau à la main, pour
faire ſemblant de l'écorcher, il ſe
prit à crier auparauant qu'il le tou-
chât, ce qui donna ſuiet de dire à
toute l'aſſemblée, & commencement à ce Prouerbe, *il fait comme
les Anguilles de Melun, il crie deuant qu'on l'écorche.*

CHAPITRE IV.

Assassin. Guet à pens.

Le Phil. CHangeons de propos. N'as tu point ouy dire, où s'est sauué l'Assassin de nostre Seigneur?

Le Manan. Comment? le connoissez vous bien, qui vous a dit son nom?

Le Philosophe. Ie ne le connois point, & ne sçay point son nom; mais ie l'appelle ainsi, parce qu'il a tué le Seigneur de nostre village.

Le Manan. Il me faut aussi appeller Assassin: car estant hier allé à la chasse dans ma basse Cour, ie tuay vn coq-d'Inde à bout touchant.

Le Philosophe. Ce n'est pas ainsi que ie l'entens. I'appelle Assassins,

XIII.
Assassins.

ceux qui attentent, ou executent
quelque meurtre de guet à pens, &
si tu en veux sçauoir la raison, il
faut auoir recours à l'antiquité. Les
Historiens, qui ont prix plaisir à escrire les voyages des Princes Chrestiens outre mer, rapportent qu'il
y auoit certains Peuples nommez
Assassins, habitans aux Montagnes
de Perse, & suiets à la tyrannie d'vn
Seigneur , qu'ils surnommoient
l'Ancien , ou le grand de la Montagne. Ce Tyran auoit tellement ga-
gné les cœurs de ses suiets, par l'esperance d'vn paradis charnel & vo-
luptueux , qu'il leur promettoit
apres la mort , qu'il n'y en auoit
pas vn d'entre eux, qui ne creust fermement qu'il seroit bien heureux,
& que son ame passeroit en vn autre corps mieux composé, & mieux
formé, où elle viuroit immortel-
le , & qu'il seroit exempt de toutes
sortes de douleurs , & incommo-
ditez, iouyssant de delices indici-
bles, s'il s'exposoit à la mort pour

l'amour de son Prince. Cette croyā-
ce fermement imprimée en leurs
esprits, au lieu que les autres Roys
reçoiuent de leurs Vassaux le serment de fidelité, celuy-cy faisoit
faire serment ax siens de tuer tous
les Potentats de Religion contraire à la leur. Obligez par ce serment
& amorcez par l'esperance d'vne
vie voluptueuse, ils entreprenoient
auec vne temerité extraordinaire,
ce qu'ils auoient iuré: à raison de
quoy les Princes Chrestiens, qui
s'estoient croisez pour la conqueste
de la terre Saincte, n'auoient point
d'ennemis plus redoutables que
ceux cy. Ils faisoient tous les iours
de secrettes entreprises sur les personnes, & sur les vies des Grands.
Philippe fils aisné de S. Louys Roy
de France, aduerty des trahisons
que ces Assassins tramoient contre
luy, fut contraint de reprendre la
route de France. Ils surprindrent
vn Prince d'Angleterre dans sa
chambre, & le blesserent dange-

reuſement. Ils tuerent le Comte de
Tripoly, & Sainct Louys meſme eut
beaucoup de peine à ſe garentir de
leurs mains. Depuis ce temps là, &
pour ce ſuiet, on a ſurnommé Aſſaſ-
ſins, tous ceux qui entreprennent,
ou executent quelque meurtre de
guet à pens.

Le Manan. Pourquoy dit on faire
vn meurtre de guet à pens? eſt ce à
cauſe que c'eſt vn cas pendable, &
que ceux qui ont commis vn tel
crime, eſtant pendus, font le guet
au clair de la Lune?

X I V.
Guet à
pens.

Le Phil. Voila vne ethimologie digne de ton eſprit; mais ce n'eſt pas
pourtant la vraye origine d'où deri-
ne ce terme. La voicy, on appelle
guet à pens, lors qu'apres auoir penſé, & premedité quelque aſſaſſinat,
on guette les perſonnes, pour l'executer.

CHAPITRE V.

Homme Lige.

Le Manan. A Propos , quelles
nouuelles de Lie-
ge ? On dit que les Liegois ont bien
fait parler deux : car comme nous
nous promenions ce matin dans la
salle du Palais , i'ay ouy deux Chi-
chaneurs , qui parloient auec action
du Roy de Flandre , & des hommes
de Liege. Ie croyois que vous l'au-
riez ouy aussi bien que moy : car
vous alongiez le col comme vne
grüe , & dressiez l'oreille comme vn
lieure de ce costé là.

Le Philosophe. Ha ha : tu deuien-
dras Docteur si tu continuë ; mais
tu prendras tes licences en l'Vni-
uersité d'Asnieres. Ie prétois l'oreille vrayement aux entretiens de
deux Aduocats , & prenois vn sin-

gulier plaifir au propos curieux &
ferieux de ces deux doctes hommes. Ils parloient des Comtes de
Flandre, & difoient qu'ils eftoient
hommes Liges des Roys de France.
Ils fe font eftendûs fur l'ethimologie de ce mot Lige, fur les deuoirs
& fujections des hommes Liges
enuers leurs Souuerains Seigneurs,
& fur les droicts des Souuerains
fur leurs Vaffaux Liges. Quant à
l'ethimologie du mot, ils font tom-
bez d'accord qu'il deriue de deux
caufes, dont la premiere peut eftre
dite materielle, & eft prife de la
ceremonie obferuée, & pratiquée
en la reddition de l'hommage
Lige. La feconde peut eftre nommée formelle, & eft tirée de l'e-
ftroitte liaifon & obligation que
le Vaffal contracte enuers fon Seigneur : car ç'a efté vne ceremonie
pratiquée de tout temps en l'exhi-
bition de l'hommage Lige, que
l'homme ioint fes mains en celles
de fon Seigneur, lequel les lie dans

lés fiennes , & s'auoüant homme
Lige de son Souuerain , en consideration des terres , & Seigneuries
qui releuent de luy , & qu'il tient
de luy à foy & hommage , il luy iure fidelité , fans referue enuers aucun autre ; puis soûmet , & assu-
iettit à la puissance de son Souuerain la personne , les suiets & ses
biens. La pratique & verification
de cecy , se peut remarquer en diuerses histoires. L'hommage que
Vrse des Vrsins Comte de Nole
rendit des Naples au Roy Ferdi-
nand , sert d'exemple à cette verité;
comme aussi l'inuestiture de Philippe Archiduc d'Austriche , faite
en la ville d'Arras l'an mil quatre
cens nonante neuf , par Guy de
Rochefort , Chancelier de France,
de la part du Roy Louis douzième
pour ses Pairries , & Comtez de
Flandre , Artois , & Chartolois.
Ioints aux exemples precedents le
formulaire de l'hommage Lige que
le Roy d'Angleterre rendit au Roy

de France, à cauſe de la Guyenne
Duché & Pairrie de France, & des
Comtez de Poiétou, & de Mon-
ſtrueil. Donc pour ces raiſons c'eſt
à dire, parce que le Souuerain lie
les mains de ſon Vaſſal entre les
ſiennes, quand il luy rend hommage, & d'autant que les fiefs & hommages Liges, lient, & obligent
plus eſtroittement le vaſſal qu'aucuns autres ſeigneuriaux, les ſuiets
ſont dits hommes Liges.

✿✿ ✿ ✿✿✿ ✿✿✿✿

CHAPITRE VI.

Sentir le fagot. Ie veux qu'on
me tonde. Auoir le poil.
Faire la barbe.

Le Manan. **A** Pres m'être ſepa-
ré de vous, vn cer-
tain homme que ie ne connois
point, s'eſt accoſté de moy. Nous

nous fommes promenez quelque
efpace de temps enfemble ; mais
ayant reconnu à ma façon de parler
que i'eftois Caluinifte ; il m'a dit
que ie fentois le fagot. Ie me fuis
offenfé de cela , & luy ay reparty
auec vn vifage , qui témoignoit
mon reffentiment, qu'il gardaft fon
quolibet pour luy-mefme , & que
pour moy i'eftois homme de bien:
& n'euft efté la confideration , & le
refpect du lieu où nous eftions, ie
luy euffe fait vn affront ; & fi iamais
ie le rencontre, & qu'il me traitte
encore comme cela , ie veux bien
qu'on me tonde, fi ie ne luy ay lepoil
ie luy feray la barbe en Compere &
en Amy.

Le *Philofophe.* Hola ne vous faf-
chez pas fans fuiet, vous iurez fur
voftre honneur que vous offenferez,
& ferez vn affront à vn homme qui
vous a honoré.

Le *Manan* Comment ventre faint
Gris, ie donnerois vn dementir à vn
autre que vous.

Le Philoſophe. Vous le feriez
mal à propos: car ſçauez-vous bien
que ce qu'il vous a dit, eſt vne gloire, ſi vous auez le ſentiment d'vn
vray & noble Chreſtien ? Le Docte
Tertullien écrit, qu'au temps de
l'Egliſe primitiue les Gentils nommoient les Chreſtiens *Semipeſſij* &
ſtrimentitij, c'eſt à dire pour le bien
expliquer, ſentans le fagot: parce
qu'on les attachoit à deux paux,
qui ne coutoient que demy aſſe
qui valoit trois ou quatre ſols de
noſtre monnoye, auſquels ils
eſtoient liez & bruſlez, pour le nom
de Ieſus Chriſt, & pour la Foy
Chreſtienne auec des fagots de
ſarment; & ainſi ſentir le fagot en
ce temps-là c'eſtoit eſtre Chreſtien.
N'eſt-ce donc pas vn titre d'honneur que t'attribuoit l'homme duquel tu te plains? car dire que tu ſés
le fagot en langage de ces Anciens,
d'où eſt tiré & emprunté le mot
preſent, c'eſt dire que tu és vray
Chreſtien, & te mettre au rang d'vn

x v i.
Sentir le
fagot.

million de Sainɛts, qui ont acquis cette qualité glorieuſe par l'effuſion de leur ſang, & au prix de leur vie. Donc lors qu'on parle à toy de la ſorte, ne deurois-tu pas dire, à l'exemple des premiers Chreſtiens rapporté par Tertullien en ſon Apologetique : quoy que vous nous ſurnommiez fagotiers, & demy aſſes, à cauſe qu'on nous enuironne de fagets de ſarment à vn pal de la valeur de demy aſſe, ſi eſt-ce que voila l'équipage de noſtre victoire, c'eſt en tel chariot que nous triomphons. Quelle raiſon as tu donc de te laiſſer transporter au couroux, & de iurer ſur ton honneur que tu luy feras vn affront : car ces termes, *ie veux qu'on me tonde, ſi ie ne luy ay le poil, & ie luy feray la barbe,* ſignifient cela.

Tu n'eſt pas ſi ignorant, que tu ne ſçache, que quand nous vſons de cette façon de parler, & que quand nous diſons que quelqu'vn a

XVII.
Ie veux qu'on me tonde,

fait la barbe à vn autre, nous enten-
dons qu'il l'a brayé, & qu'il l'a mal
traitté. Si tu veux sçauoir l'origine
de ce Prouerbe, donne toy le loi-
sir de feüilletter les volumes de nos
Ancestres, & tu apprendras que
tondre les cheueux, ou raser la barbe, estoit anciennement entre les
François vne marque honteuse, &
vn chastiment ignominieux. Tondre ou raser, & fustiger vn Criminel, sont mis en mesme rang par
les loix de Charlemagne. Ceux qui
tondent de ieunes Garsons ou de
ieunes filles, sont condamnez à l'a-
mende par la loy Salique. Boyer
écrit que c'estoit la coustume de
France que la femme accusée &
& conuaincuë d'adultere fust ra-
sée, & que ses robbes luy fussent
accourcies, & roignées, & qu'elle
fut promenée en cét estat parmy
les villages, pour seruir de specta-
cle. Auoir le poil à quelqu'vn,
pour la mesme raison c'est luy faire vn affront. Quant aux barbes,

XVIII.
Auoir le
poil.

ſi quelqu'vn auoit commis vn
crime digne de chaſtiment , moindre que la mort , ſa barbe en ré-
pondoit , & cette punition eſtoit
fort ignominieuſe , celuy qui en
eſtoit puny, eſtoit par meſme moyé
degradé de tous eſtats & honneurs.
Cela meſme eſtoit la marque publique de ſa degradation. Ces loix &
couſtumes n'eſtoient pas ſeulement
en vſage dans la France , & entre
les François; mais auſſi dans la Grece , & preſque dans tout l'Orient,
où tondre les cheueux & raſer
la barbe eſtoit vne marque d'i-
gnominie. Et entre les Grecs ceux
qui eſtoient attaints & conuain-
cus de paillardiſe, eſtoient conduits
en la place publique , & là on leur
coupoit la barbe auec vne hache ;
puis on les chaſſoit ſans autre chaſtiment ; mais ils eſtoient pour cela
tenus & reputez infames le reſte
de leur vie. Anciennement parmy les Indiens le Roy condamnoit
celuy qui auoit commis quelque

B

comme crime , à estre tondu En
Lombardie les Larrons , & Boute-
feux és forests , estoient en certains
cas , & selon quelques circonstan-
ces tondus pour la premiere fois:
à la seconde on leur arrachoit
tous les poils de la teste. Dagobert
ieune Prince François , de la race
de Meroüée , fit raser la barbe à
son Gouuerneur , pour se venger
de quelque déplaisir qu'il en auoit
receu. Clotaire premier faisoit souuent raser Gondebaut , pour témoigner qu'il le reiettoit , & ne lo
reconnoissoit point. La Reyne
Clotilde Mere des Roys Childe-
bert & Clotaire , transporté d'af-
fection pour les enfans de son fils
deffunt Clodomir , employoit
toute sa puissance pour les auancer
à la Royauté , au preiudice de ses
deux autres fils , ausquels la Couronne appartenoit de droit , &
pour ce suiet l'Histoire remarque,
qu'elle enttetenoit leur cheuelure
auec beaucoup de soin. Les Roys

fes fils en eurent le vent, & infor-
mez de la verité, ils deleguerent
Arcadius à la Reyne leur Mere
auec des ciſeaux, & vne épée, luy
donnant le choix de voir couper
les cheueux, ou les teſter à ſes petits fils ; mais elle outrée de colere, ou pluſtoſt de fureur à la veuë
de ces funeſtes inſtrumens, répondit aigrement : s'ils ne doiuét point
eſtre Roys, i'ayme mieux les voir
mourir que de les voir raſer ; ainſi
ces deux ieunes Princes furent ſa-
crifiez à ſa paſſion déreglée, & de-
collez en ſa preſence.

Dés long-temps, & encore à
preſent, les forçats, qui ſont Gens
condamnez pour leurs crimes ſont
tondus & raſez.

Samüel rapportant le mauuais
traittement que fit Hamon Roy
des Ammonités aux Ambaſſadeurs
de Dauid Roy d'Iſraël, dit que ce
Prince : à l'aueu d'vn ſoupçon mal
fondé leur raſa la moitié de la barbe, & leur roigna leurs robes iuſ-

B ij

ques aux feffes ; puis les renuoya
ainfi outragez à leur Maiftre ; &
que Dauid fut fi outré du fait de ce
Prince eftourdy,qu'il affembla toutes fes forces,pour fe venger de l'affront qu'il auoit receu, & ne ceffa
de luy faire la guerre, qu'il n'euft
chaftié l'infolence du Roy, & de
tout fon Confeil.

Emir Suleiman Sultan des Turcs,
irrité de quelques propos que
Chaffan, Capitaine des Ianiffaires
luy auoit tenu, luy fit rafer la barbe par opprobre, fuiuant l'vfage
du pays. Chaffan eftima cela fi in-
fame, qu'il fe bannit volontaire-
ment de la Cour ; & fe rendit aux
ennemis, où il fit tant par fes prat-
tiques, que Suleiman abandonné
des fiens, fut attrapé & eftran-
glé.

Vn ieune Gentil-homme de la
fuite du Comte de Sauoye, pour
lors refident à Conftantinople,
ayant forcé la fille de fon hofte,
fut condamné à auoir le poil folet

de la barbe rasé dans la place publique. Le pere de la Damoiselle
qui auoit deferé le Gentil homme
en iustice, declara qu'il estoit content de cette execution, & ne demanda point d'autre satisfaction.

La garnison d'vne forte place
d'Allemagne, nommée Haistes-
burg, ayant attrapé les Ambassa-
deurs de l'Empereur Henry l'Oi-
seleur, les fit raser, & fustiger, dont
Henry se sentit si outrageusement
offensé, qu'il fit raser la place, &
punit rigoureusement ceux qui luy
auoient fait cét affront.

Des loix, & coustumes, tant
des anciens François que des autres nations, & des histoires alle-
guées, tu pourras voir l'origine,
& apprendre la signification de ces
communes façons de parler ; *Ie*
veux qu'on me tonde ; Ie luy auray
le poil. le luy feray la barbe, &
connoistre comme ie t'ay desia dit,
qu'en parlant de la sorte, tu pro-
teste sur ton honneur de faire vn

affront à vn homme, qui te fait de
l'honneur, en te difant que *tu fens*
le fages.

✿ ✿ ✿ ✿ ✿ ✿ ✿ ✿ ✿

CHAPITRE VII.

Auoir bon nez. Cela n'a point
de nez.

Le Manan. J'Ay donc eu bon nez
de ne pas fuiure mon
premier mouuement, & de ne luy
pas faire vn affront, comme i'en
auois bonne enuie.

Le Phil. Mais peut eftre, que tu
t'es retenu par crainte, & non pas
par raifon : parauanture que la pol-
tronerie, & non le iugement, a moderé ta paffion.

Le Manan. Cela s'en va s'en dire, comme la priere que i'ay fait au
matin. J'auois peur qu'il ne me
creut plus fort que luy, & qu'il

me fit porter les coups, ou qu'il ne
me rendit des feues pour des
pois.

Le Philof. Ne dis donc pas que
tu as eu bon nez, mais dis plustost
que tu as esté Poltron:car *Auoir*   **XX.**
bon nez : c'est estre preuoyant, pru-   Auoir bon
dent, iudicieux, ou doüé de quel-   nez.
que autre vertu; Or comme l'vsage
l'emporte, cela s'entend ordinairement de la prudence, & preuoyan-
ce. Les Physiognomistes, qui iugent
des passions & affections de l'ame,
par l'apparence des traits exte-
rieurs, tirét de grands indices de la
forme du nez. Ils disent que ceux
qui ont le bout du nez graisle, sont
prompts,& coleres : ceux qui l'ont
plein, & retroussé, comme les
Lyons, & les Dogues, sont forts
& presomptueux : ceux qui ont le
nez long, graisle, & aigu, de mesme : ceux qui l'ont gros & plat,
sont reputez méchans : les nez pan-
chans sont indices d'honnesteté :
les droits, de bauerie, & de babil : les

aigus, de cholere : les gros ; de vo-
lupté : les camus , de paillardife, &
d'impudence : les courts, de dol,&
de rapine : les ronds & eftoupez,
de ftupidité , de beftife , & de fureur : les tortus , de confufion, de
trouble d'efprit : les aquilins , de
magnificence , & d'vne nature excellente : ceux qui font ouuerts, de
force & de courage : & par allegorie tous ceux, qui par prudence pré-
uoyent les chofes qui pourroient,
ou ne pourroient point auenir dans
les occafions , & y pourroient fagement , font dits auoir bon nez,
par comparaifon faite auec les
chiens , qui coniecturent, & con-
noiffent par le moyen de l'odorat
où ils doiuent tirer.

Le *Manan.* Et de ceux qui n'ont
point de nez , quel iugement en
doit on faire ?

Le *Philofophe.* On n'en iuge rien
par le nez ; mais on dit bien fouuent d'vn difcours, ou d'vne action
qui eft mauffade , & qui n'a point

XXI.
Cela n'a
point de
nez.

de grace, que *cela n'a point de nez,*
par comparaison, faite auec vn vifage fans nez , qui eſt mal gracieux
& difforme.

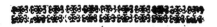

CHAP. VIII.

Drole. Chacun trauaille à ſon
meſtier.

Le Manan. VOus en ſçauez
bien d'autres ,
Monſieur noſtre Maiſtre, ie vois
bien que vous eſtes vn bon Drole.

Le Philoſophe. Comment? ie ſuis
vn Drole, me prens tu pour quelque Lutin , ou pour vn Diable fa-
milier ?

Le Manan. Dieu m'en garde, mais
parce que vous faites le Phiſiono-
miſte , & que vous diſcourez des
nez ſi doctement & ſi nettement, ie
veux dire que vous eſtes vn gentil,
B v

vn galand , & vn plaifant homme:
car il me femble que le mot de *Drole*
fignifie cela.

   Le Philofophe. Il eft vray qu'on
en vfe vulgairement en cette fignification ; & toutesfois c'eft le nom,
que les peuples plus auancez vers
le Septentrion dónent aux Diables
familiers qui conuerfent dans leurs
maifons , & feruent en leurs ména-
ges. Où dit que ces Lutins appellez Droles par ceux de ces contrées
là , habitent dans leurs logis, viuent familièrement entre eux, pen-
fent leurs Rénes (ce font animaux
aucunement femblables aux Cerfs
defquels les Lapons fe feruent;
comme on fe fert des Cheuaux dans
tout le refte de l'Europe) ont foin
de leur autre beftail , & leur rendent plufieurs feruices domefti-
ques : qu'ils font prompts , & habiles à executer tout ce qu'on leur
commande; qu'ils fe rendent vtiles
à leurs maiftres , qu'ils les aduer-
tiffent des perils , ou des maladies,

dont ils sont menacez, & que bien
souuent ils ont des tours de gail-
lardise, pour resiouir, & faire rire.
On trouue aussi quelques Mosco-
uites, qui se vantent d'estre ainsi
seruis : mais ils les nomment Col-
tzki, & qui croyent que ces Esprits
font leur demeure en quelques re-
coins du logis, il leur donnent de
leurs viandes plus exquises, & en
échange ces Lutins leur apportent
du bled qu'ils dérobent dans les
greniers du voisinage.

La connoissance de ces bons valets ayant esté diuulguée parmy
les autre nations, quand on a veu
quelques bons compagnons qui
sçauoient faire rire ; & amuser le
monde, qui estoient fins, adroits,
& madrez, on les a nommez *Dro-*
les à l'imitation de ces Diables fo-
lets.

Le Maran. A ce que ie vois, tout
sett en menage, puisque les Diables
mesmes n'y sont pas inutiles, & il est
bien vray ce qu'on dit, que chacun y

XXIII.
Chacun
trauaille à
son mestier

trauaille à ſon meſtier, le Mareſchal ſur le ſoufflet , le Forgeron
à la forge , le Meneſtrier ioüe de ſa
fluſte , le Violon du rebec , le Me-
giſſier trauaille ſur la peau , le Bou-
cher ſur le bacquet aux tripes , le
Maſſon ſur le fondement , le Cordonier de ſon aleſne , le Charpen-
tier à la mortaiſe , le Couturier de
l'eguille , le Laboureur à la roye,
le Muſnier par où l'eau ſoit , le
Boulenger ſur le ſac à bran, le Se-
lier de l'aualoire.

Le Philoſophe. Tu ſçais aſſez de
ſottiſes, & tu les applique aſſez mal:
car à quel propos cette liſte de Sy-
nonymes , ou de mots ſignifians
vne meſme choſe , que tu viens de
reciter. Nous parlons des Droles,
& tu parle de l'action naturelle de
la generation. Il eſt vray que c'eſt
parler de drolerie.

j

CHAPITRE IX.

Euefque d'or, Croffe de bois:
Croffe d'or, Euefque de bois.
Les Cheuaux courent les bene-
fices, & les Afnes les attra-
pent.

Le Manan. PArlons donc d'autre chofe; fi felon
le Prouerbe, Euefque d'or, Croffe de bois, Croffe d'or, Euefque
de bois, tu auois à choifir, quelle
des deux chofes te plairoit le
plus.

Le Philofophe. Vrayement il vaudroit bien mieux auoir vne Croffe
de bois, & eftre Euefque d'or, comme eftoient les Pafteurs de l'Eglife
naiffante : car lors que les Tyrans,
Ennemis de la verité, perfecutoient
les fidelles, lors qu'ils employoient

XXIV.
Euefque de
bois Croffe
d'or, Croffe
de bois,
Euefque
d'or.

le fer & le feu, & armoyent tout
contre le nom Chreſtien; au temps
dif-ie qu'eſtre Chreſtien eſtoit aſſez
pour eſtre iugé criminel, & traiſné
au ſuplice, on auoit de la peine à
trouuer des Paſteurs, & les Prelatu-
res n'eſtoient pas ambitieuſement
briguées, comme elles ſont à preſent, n'y ayant rien à gagner ſelõ le
monde en la poſſeſſion des Charges
Eccleſiaſtiques, que des perſecu-
tions, des ſupplices, & la mort mé-
me : car pour des biens Tempo-
rels, il n'y en auoit point à preten-
dre; & lors que la neceſſité obli-
geoit les fideles à faire electiõ d'vn
Prelat, ils s'aſſembloient, & apres
auoir inuoqué l'aſſiſtance du S. Eſprit, ils faiſoient choix ; non du
plus noble, ou du plus riche, mais
du plus homme de bien, & le con-
traignoient à prendre la charge des
Ames, & d'autant que ces bons
Prelats eſtoient riches en toutes
ſortes de vertus, & que Dieu les
ornoit de ſes graces, la poſterité les

mettant en paralelle auec ceux
qui leur ont fuccedé, les a nommés
Euefques d'or;& parce qu'ils eſtoiēt
pauures , & dénuez de richeſſes
mondaines ; ou bien parce que la
houlette, ou croffe qu'on leur donnoit pour marque de leur voca-
tion paſtorale, lors qu'ils receuoiēt
l'impoſition des mains , eſtoit de
bois, n'ayans pas moyen d'en auoir
de plus riches, on a dit qu'ils auoiēt
vne croffe de bois ; mais depuis que
les Empereurs ont receu le Bapteſ-
me , & fait profeſſion du Chriſtia-
niſme , la deuotion des Chreſtiens
a enrichy les Prelats de l'Eglife , &
à meſure qu'ils font accreus en richeſſes , on les a veu appauurir en
vertus ; c'eſt pourquoy on a changé le nom, & on les a qualifiées auec
raiſon , en les comparant à leurs
Predeceſſeurs , Euefques de bois,
qui ont des croffes d'or : d'où eſt
nay le Prouerbe Latin, *Epiſcopus*
aureus , pedum ligneum , Epiſcopus
ligneus , pedum aureum , traduit

ainſi il y a long temps en rime
Françoiſe :

> *Le Prouerbe a dit autrefois,*
> *Euesque d'or, croſſe de bois ;*
> *Mais tout au rebours, il dit or ;*
> *Euesque de bois, croſſe d'or.*

C'eſt ce que Sainct Thomas d'A-
quin, ſurnommé le Docteur Ange-
lique, reprocha adroitement au Pape Innocent troiſieſme : car l'eſtant
allé viſiter, & s'eſtant par hazard
rencontré au temps qu'on comp-
toit deuant luy vne grande ſomme
d'argent, il luy dit en raillant, Frere
Thomas, tu vois bien que l'Egliſe
ne dit plus comme au temps paſſé :
Ie n'ay ny or ny argent. Thomas
luy repartit : Cela eſt vray ſainct
Pere : mais auſſi elle ne peut pas dire à preſent comme diſoit alors au
boiteux : *Leue-toy & chemine.*

Le Manan. Remontons ſur nos
beſtes. I'ay tant de fois ouy dire,
que les cheuaux courent les benefi-
ces, & que les aſnes les attrapent,
n'eſt-ce pas des ignorans bien ſou-

uent afnes de qualité, dont parle le Prouerbe ?

Le Phil. Il eſt vray qu'il parle d'eux, & en general de tous les Ignorans, qui aſpirent aux honneurs de l'Egliſe : car auſſi toſt qu'vn Eueſché, vne Abbaye, ou quelque autre benefice Eccleſiaſtique eſt vaquant, ces bons Seigneurs, qu'on nomme *Aſnes*, à cauſe de leur ignorance, montent à cheual, & courent en poſte, pour l'aller ſolliciter, & imperrer de celuy qui a droit de le conferer ; & parce que ces Meſ-ſieurs les Aſnes, c'eſt à dire heureux Ignorans, courent les Benefices à cheual, on dit vulgairement, *que les Cheuaux les courent, & les Aſnes les attrapent.*

XXV.
Les cheuaux courent les Benefices, & les Aſnes les attrapent.

CHAPITRE X.

*Celuy qui ne sçait pas dissimuler,
ne sçait pas regner. Penser
sans rire: Vous parlez trop,
vous n'aurez pas ma toillé.
Faire du cuir d'autruy large
courroye.*

Le M. PArlez bas, s'il vous plaist,
de ces bestes à longues,
oreilles: car au siecle où nous sommes, la verité est odieuse, & il n'est
pas tousiours permis, non plus
qu'au temps passé, de dire tout ce
qu'on pense, particulierement à la
Cour: car côme disoit vn certain renard, le nô duquel s'est échappé de
ma memoire: *Celuy-là ne sçait pas regner qui ne sçait pas dissimuler.* Si celuy que tu sçais qui tiét auiourdhuy

lé-haut du paué, sçauoit que nous
parlons ainsi de ses freres, ie reni-
goy, il nous feroit mettre en cage:
pour nous apprendre à caqueret,
car c'est vn Compagnon, il ptnse
sans rire.

*Le Philosophe. Bene faciendo ni-
hil timeas.* Qu'as tu à craindre en
bien faisant ? Nos propos n'offen-
sent personne, & il n'y a point de
Loy qui deffende de declamer contre le vice, & de blasmer les vicieux
en general, sans examiner la vie de
quelqu'vn en particulier. Ie sçay
aussi bien viure dans le monde qu'-
homme qui frequente la Cour. I'ay
appris à me taire, & à parler en
temps & lieu ; mais non pas à faire
l'hypocrite, ny à dissimuler contre
ma conscience pour me maintenir
contre droit & Iustice, pour op-
primer & ruiner mon prochain, &
pour m'establir ou éleuer à son des-
auantage, comme faisoit ce grand
Politique Louys onziéme Roy de
France, que toute la terre a blas-

XXVI.
Celuy là
ne sçait pas
regner qui
ne sçait pas
dissimuler.

mé en son temps, & que toute la
posterité blasmera aux siecles à venir, comme vn Prince dissimulé &
malin, qui tenoit pour premiere
maxime, *que celuy là ne sçait pas
regner, qui ne sçait pas dissimuler;
Nescit regnare, qui nescit dissimu-
lare.*

Quand ce beau Monsieur duquel tu me veux faire peur, & lequel ie ne connois point, seroit icy
present, ie n'en dirois pas moins, &
qu'il pinse sans rire, tant qu'il luy
plaira, ne l'offenfant point, ie ne
le redoute point, & s'il vouloit
ioüer à ce ioly ieu qu'on appelle,
Ie vous pinse sans rire, ie luy ferois
connoistre que ie suis du bois dequoy on fait les vielles, c'est à dire de tous bons accords, & pourueu
qu'il voulut le premier mettre le
cul sus la selette, ie prendrois le
chandelier à la main, & luy bigarre-
rois si bien la troigne, que luy mesme riroit de se voir si bien chamarré
en se presentant deuant le miroir.

Le Manan. He de grace, apprenez moy le ieu : car ie m'imagine que c'eſt vn plaiſant & agreable diuertiſſement.

Le Philoſophe. Ie te l'apprendrois mieux ſi nous eſtions en compagnie:car ie te ferois aſſeoir ſur vn ſiege, & tenant vn chandelier à la main dont le deſſous feroit noircy de ſuye, ou d'ancre, ie me noircirois le doigt indice & le poulce, ſãs que tu t'en apperçeuſſe, & te pinſerois en diuers endroits du viſage, en diſant à chaque fois: *Ie te pinſe ſans rire.* L'impreſſió de mes doigts te feroit vn maſque chamarré, qui feroit rire quelqu'vn de la compagnie, & ie le mettrois en ta place. Voila comment on iöue pour ſe diuertir à *Ie vous pinſe ſans rire.* Il y a quelques Eſprits mordans & Ciniques, qui ne ſçauroient viure en compagnie ſans iöuer ainſi: mais ils ne noirciſſent, & ne barbouillent que du bec, en pinſant les vns, ou les autres, par des propos pi-

XXVII. Ie vous pinſe ſans rire.

quans, & amphibologiques, c'eſt
à dire par des brocards à double
ſens.

Le Manan. Vous parlez trop,
vous n'aurez pas ma toile, c'eſt donc
ainſi que vous voudriez ioüer auec
cét homme là. Vrayment nous n'y
iöüeriez pas deux fois ſans vous en
repentir : car c'eſt vn homme qui
*fait du cuir d'autruy large cour-
roye.*

Le Philoſophe. Ie t'ay déſia dit
qu'en bien faiſant ie n'apprehende
rien, mais en diſant que *Ie parle
trop & que ie n'auray pas ta toile;*
il me ſemble que tu me prens pour
vn Marmouzet ou pour vn Sainct
de bois, comme ce Lourdaut de village, à qui ſa bonne femme de mere auoit commandé de porter au
marché vne piece de toile, mais quil
prit bien garde de ne la pas védre à
quelque grand parleur, qui le pourroit fourber par ſes beaux diſcours,
& le perſuader à donner ſa toille à
bas prix. Ce gros Pitau retint ſi bien

l'inſtruction de ſa mere, qu'il ne
trouua point de Marchand ſur la
place, qui ne parlaſt trop à ſa fantai-
ſie : car quand on luy auoit demandé, combien la toille, & qu'il en
auoit dit à le prix, ſi on diſoit, c'eſt
trop, il repliquoit incontinent :
Vous parlez trop vous n'aurez pas
ma toile, & renuoyoit ainſi le monde. Par ce moyen n'ayant point
trouué de Marchand, il reprit la
route du village, & eſtant entré en
chemin faiſant dans vne Egliſe, il
apperçeut côtre vn pilier aſſés prés
de la porte vne ſtatuë de bois figu-
rée en façon de Moine, qui auoit
l'eſtomac creux, & la teſte percée
auec cette deuiſe, écrite en groſſes
lettres deuant l'eſtomac, *Pour la re-*
paration de Ceans. C'eſtoit vn tronc
dans lequel les plus charitables
mettoient quelque piece d'argent,
ſelon leur deuotion. Cét idiot demanda à ce marmouzet, s'il vouloit acheter ſa toile, & luy en dit
le prix. Le Marmouzet, qui auoit

vne bouche & ne parloit point, des
oreilles & n'entendoit , figure
d'homme & ne l'eſtoit point , ne
luy répondant que par le ſilence,
il creut auoir trouué ſon homme,
& luy dit: *Vous eſtes mon Marchand,*
prenez ma toille & me payez, il me
faut tant. Et en diſant cela , il mit
ſa toille deuant luy, redit pluſieurs
fois : *payez moy , donnez moy de l'ar-*
gent , çà de l'argent ; mais le ſaint de
bois demeurant immobile ſans luy
faire aucune réponſe , le Lourdaut
ſe mit en colere , & apres diuerſes
menaces , il le frappa ſi rudement
d'vn gros baſton qu'il auoit à la
main , qu'il luy rompit ſa teſte de
bois, d'où ſortit & ſe repandit auſſi
toſt toute la monnoye qui y eſtoit
encloſe, dont il ſe paya tout ioyeux,
& ſe retira bien content. Doncques
quand tu m'as dit que ie parlois
trop, & que ie n'aurois pas ta toille,
i'ay penſé que tu me prenois pour
vn homme de bois : vrayement ſi ie
l'eſtois , ie ne craindrois pas ton

                  Mou-

Monfieur, & tout tel que ie fuis encore ne le crains-ie pas , & bien
qu'il faſſe , à t'ouyr dire, *du cuir
d'auttruy large courroye* , ie ne redoute pas ſa puiſſance ; car il n'eſt
par lyon ny moy loup, & quand
tous les Renards & la foreſt d'Ar-
dene feroient ſes Confeillers, il ne
me ſçauroit offencer : ie fuis homme de bien : *Impauidum ferient
ruinæ.*

Le Manan. C'eſt parler cela ;
mais ie ne ſçay pourquoy vous di-
ter qu'il n'eſt pas Lion , ny vous
Loup.

Le Philofophe. Tu ne ſçais donc
pas le conte du Lion malade. On
dit que le Lyon, eſtant affligé d'vne
grande fievre fit appeller le Renard, pour ſçauoir ſi par ſon confeil
il pouuoit treuuer vn remede à ſa
maladie. Le Renard contrefaiſant
le Medecin , luy dit que pour ſa
gueriſõ il ſe deuoit ceindre les reins
d'vne large ceinture fraichement
titée de la peau du Loup. Le Lion

XXXI. Faire du cuir d'au-truy large courroye.

C

suiuant cette ordonnance fit appeller vn Loup, & le Renard luy cou-
pa tout au long du dos vne longue
& large courroye, le Loup sentant
l'effet du rasoir, ne se pût tenir de
se plaindre, & de dire en hurlant:
ha Monsieur le Renard *que vous*
faites du cuir d'autruy large courroye
C'estoit vn trait de la malice du Renard qui faisoit d'vne pierre deux
coups : car il se vengeoit de son ennemy, & gagnoit la Faueur d'vne
puissance redoutable. O combien
d'imitateurs a l'industrie du Renard ! & combien de miserables
Compagnons a le Loup dans le
monde au suiet de ses doleances,
lesquels circonuenus par les ruses
des esprits malins & industrieux,
gemissent impitoyablement sous
l'oppression de leur malice & é-
prouuent à leurs depens que les
fourbes comme de malicieux Renards font en diuerses façons &
sous diuers pretextes, *Du cuir d'au-*
truy large courroye.

CHAPITRE XI.

Mal fur mal n'eſt pas ſanté. Ce
qui vient du tambour s'en re-
tourne à la fluſte. Ce que le
gantelet gagne , le gorgerin le
mange. Il faut plumer la poule
ſans la faire crier. Touſiours
peſche qui en prend vn.

Le Maman. MAl ſur mal n'eſt
pas ſanté , quoy
que le vulgaire diſe (ie ne ſçay pourquoy) que mal ſur mal eſt ſanté.
Eſtre pillé , foulé , & ruiné en ſon
bien , en ſon corps , & en ſon honneur, ſont choſes dõt on fait peu de
ſcrupule en ce ſiecle; mais auſſi Dieu
permet , *que ce qui vient du tam-*
bour s'en retourne à la fluſte , & que
ce que le gantelet gagne, le gorgerin

C ij

le mange : car bien que ces voleurs publics, & soufferts tachent à plumer la poule sans la faire crier, & qu'ils disent pour se flatter quand leurs pillages ne sont pas assez grands, que tousiours peche qui en prend vn : Dieu met leur crime en euidence, & fait voir aux yeux du Soleil les oppressions tyranniques que leur violence commet dans les obscuritez.

Le Philosophe. Cher Amy tu ne parle plus en Manan : tes propos tiennent de l'Orateur, & tes sentences sentent le Philosophe.

Le Manan. Ne vous en estonnez pas, s'il vous plaist, car l'experience de mes afflictions m'a rendu assez docte en cette matiere, & le vif sentiment de mon Ame me rend assez disert pour expliquer sur ce suiet mes secretes pensées.

Le Phil. Ie te crois, mais puisque tu es si sçauant, apprens moy de grace comme se doit entendr que *Mal sur mal n'est pas santé*, & que *mal sur mal est santé.*

Le Manan. Quant à la premiere
sentence, elle est si euidente qu'elle
n'a pas besoin d'interprete : car qui
ignore qu'auoir vn vlcere au de-
hors, vne fievre au dedans, & l'esprit troublé d'vn delire, sont maux
dont la liaison prosterne les forces
de l'vn, abat la vigueur de l'autre,
& trouble toute l'œconomie que la
nature a establi en la composition
de l'homme ? de mesme qui ne sçait
que perdre le bien que nous auons
receu de la Prouidence de Dieu,
souffrir iniustement des persecu-
tions en nos corps par la violence
de nos ennemis, ou de nos enuieux,
& estre malicieusement interessé en
nostre honneur, sont des maux qui
accumulez les vns sur les autres, &
venans à heurter tout ensemble la
vertu de nostre Ame, esbranlent
sa generosité, & la font chanceler.

Le Philosophe. Reprenons nos
brisées. Tu as dit en la suite de ton
premier discours, que ce qui vient

XXX.
Mal sur
mal n'est
pas san-
té.

XXXI.
Ce qui
vient du
tambour

s'en re-
tourne à la
flute.
XXXII.
Ce que la
gantelet
gagne le
gorgerin le
mange.

du tabour s'en retourne à la fluste,
& que comme disoit ce grand & sage Capitaine François Bayart, *ce*
que le gantelet gagne, le gorgerin le
mange ; c'est à dire, que les biens.
mal acquis s'en retournent comme
ils sont venus : *malè parta malè di-*
labuntur. Ce sont, disoit fort sen-
tentieusement Valere le grand,
Torrens qui affluent en vn moment,
& tarissent incontinent : ce sont
plantes, qui ne prennent point des.
fermes racines, ny és personnes,
ny. és maisons des conquerans : ce.
sont arbres suiets à estre agitez par
les diuers orages du malheur, &
ceux qui les possedent, outre la
crainte de les perdre, sont continuellement bourrelez des furies
de leur mauuaise conscience, qui
leur remet tousiours deuant les
yeux leur iniuste vsurpation, & les
tourmente, & afflige sans cesse des.
éguillons de milles cuisans remors,
ils ont beau chercher du diuertisse-
ment en la iouïssance de leurs ac-

quisitions, ils portent inseparablement le suiet de leur affliction,
comme le cheual enuironné de
mouches guespes ne se peut deffaire en courant, de leur importu-
nité,&on peut dire à chacun d'eux
ce qu'vne sage Damoiselle Françoise dit en l'embleme de ces mal-
heureux: *frustra curris*, c'est en vain
que tu fuis. Gorgette de Monre-ny.

Le cheual tourmenté en quelque
   part qu'il aille.
Des piqueures des taons n'a point
   d'allegement.
De mesme le méchant, combien
   qu'il se trauaille.
Ne se peut garentir d'vn iuste iu-
   gement.

Il a beau dire, *qu'il faut plumer la*
poule sans la faire crier, c'est à dire qu'il faut piller, dérober, & voler auec vne prudece, il ne sçauroit
empescher que la voix du sang de
l'Innocent, qu'il a foulé, ne passe.
   C iiij

xxxv.
Il faut plu-
mer la pou-
le sans la
faire crier.

tre les Cieux , & que Dieu ne luy
dife par forme de reproche comme au fratricide Cain : *La voix du*
fang de ton frere eft montée de la ter-
re au Ciel , & en refonne hautement
aux oreilles de ma iuftice. Et en cette forte l'homme charnel ne fçauroit *empefcher* auec toute fa prudence , que la voix de fes crimes
ne penetre les Cieux , ne crie au
pied du tribunal de Dieu , & ne
tonne dans le vague de fa confcience,

XXXVII.
Toufiours
pefche qui
en prend
vn.

Il me fouuient encore que tu as
dit : *Touofiurs pefche qui en prend*
vn : c'eft vn Prouerbe à double fens
emprunté de la pefche , qui peut
eftre entendu en bonne & mauuaife part: car tout ainfi que les pefcheurs peuuent pefcher furtiue-
ment dans le viuier , ou dans le re-
feruoir d'vn particulier, & luy def-
rober fon poiffon , ou dans vne
riuiere publique , & dans vne eau
commune , fans faire tort à per-
fonne ; de mefme vn vfurier , vn

vſurpateur, vn homme de mauuaiſe foy, peur rauir, vſurper, dero-
ber, & s'approprier le bien de ſon
Prochain par des moyens iniuſtes:
& vn homme de bien qui craignât
Dieu, & ſuiuant la loy de nature,
ne veut faire à perſonne que ce qu'-
il voudroit qu'on luy fiſt, peut gagner, acquerir, & poſſeder par des
voyes légitimes, & conſcientieuſes,
dequoy s'entretenir, alimenter, &
enrichir : & l'vn & l'autre peut dire quand ſon acquiſition n'eſt pas
grande, par rapport aux termes des
Peſcheurs : *Touſiours peſche qui en
prend vn.*

CHAPITRE XII.

D'auphin de France.

Le Manan. A Propos de peſ-
cher, on dit que
le Roy a enfin peſché vn Dauphin.
C v

Le Philosophe. Il faut auoüer qu'‑
vne ignorance innocente, ou plu‑
ftoft qu'vne innocence ignorante
eft quelquesfois bien agreable: qui
ne riroit de t'ouir parler de la forte?
Crois-tu donc que nos Rois foient
pefcheurs, & leurs fils Aifnez des
poiſſons qu'ils pefchent à la Ligne.
Il eft vray que puifque les Aifnez
de France font qualifiez Dauphins,
on peut dire en raillant, mais fça‑
che que les premiers fils de France
font qualifiez Dauphins ; parce
qu'ils naiſſent Souuerains du pàys
de Dauphiné ; depuis qu'Humbert
Dauphin de Vienois a donné cette
belle Prouince à la France, à con‑
dition que les Aifnez des Roys de
France en feroient Souuerains, &
porteroient le nom de Dauphins.
Cela auint l'an mille trois cents
quarante-neuf, fous le Regne de
Philippe de Valois. Et fi tu veux
fçauoir pourquoy cette Prouince
là eft nommée *Dauphiné*, & les
Princes qualifiez *Dauphins*, & non

pas Ducs, ou Princes, ie te l'apprendray en peu de paroles. Il y eut
anciennement vn grand Seigneur
surnommé Dauphin, Comte d'Auuergne, d'Albon, & de Vienois,
lequel n'eut point de fils, & fut pere de deux filles, l'vne eut le Comte d'Auuergne en partage, le mary
de laquelle prit la qualité de Comté d'Auuergne, l'autre eut pour sa
part les Comtés de Vienois & d'Albon, & épousa Guy fils de Guy le
Gras Comte de Graisiuaudan, qui
viuoit enuiron l'an mille septante-
cinq, lequel pour témoigner, & im-
mortaliser l'amour qu'il portoit à
sa femme, fit de son surnom vne
qualité (car elle estoit surnommée
Dauphine, à cause de son Pere,
nommé, ou surnommé *Dauphin*)
il changea le titre de Prince & de
Comte, en celuy de Dauphin, &
voulut que sa Prouince portast
le nom de *Dauphiné*. Depuis luy,
le pays a retenu ce nom, & tous ses
successeurs la mesme qualité. Si tu

as aussi la curiosité d'apprendre
côme cét Estat est écheu aux Aisnez
de France, ie t'en raconteray l'histoire. Humbert Dauphin de Vien-
nois n'auoit qu'vn fils, lequel il faisoit nourrir à la Coste *Sainct An-
dré*, qui est vne ville du Dauphiné,
où l'on nourrissoit les enfans des
Princes Dauphins, comme on
nourrit les Enfans de France à faint
Germain en Laye. Vn iour comme la Nourrice tenoit & faisoit
ioüer le fils vnique d'Humbert à la
fenestre du Chasteau, l'Enfant luy
échappa des mains, & cheut en bas,
dont il mourut sur la place. Son
Pere en receut vn si sensible déplaisir, qu'il se resolut de quitter son
Estat & le monde, & ayant pour
ce suiet conuoqué ses Estats, il leur
declara sa resolution, & qu'il les
auoit assemblés pour aduiser auec
eux à quel Prince il remettroit sa
Prouince, pour la gouuerner, & la
posseder dés lors en auant, en mesme titre que luy & ses Predecesseurs

l'auoient poſſedée, au bien & con-
tentement de tous ſes ſuiets. Il con-
clud auec eux de mettre ſon Pays
entre les mains de Philippes cinquiéme Roy de France, aux meſmes conditions, qu'il le poſſedoit,
auec cette clauſe, ou reſtriction,
que le fils Aiſné de France en ſeroit
touſiours Prince, & que le Dauphiné ne pourroit eſtre alliené, ſous
quelque pretexte que ce fut, ni auſſi
retini à la Couronne de France, iuſqu'à ce que l'Empire fut vny à la
France, & que iuſqu'alors le Dauphiné tiendroit ſon ancien rang, &
demeureroit Souueraineté à part.
Voila ſous quel les conditions il
fut donné & accepté. Humbert outré de douleur ſe rendit Iacobin,
& Iean Duc de Normandie, fils aiſné
de Philippe de Valois Roy de France fut le premier Dauphin aprés
luy.

⚜⚜⚜ ⚜⚜ ⚜⚜ ⚜⚜ ⚜⚜⚜

CHAP. XIII.

J'en mettrois la main au feu.

Le Philoſophe. VOila l'origine
du nom, & de
la qualité du Dauphin, que nous
auons en France, l'entens tu, & le
crois. tu ?

Le Maman. Ié l'entens, & aprés
vous l'auoir ouy dire, ie le crois ſi
veritable, que i'en mettrois la main
au feu.

Le Philoſophe. Tu ne iure pas de
la ſorte ; à l'imitation des Anciens,
leſquels, comme dit Auentin, vouloient que Dieu preſida en leurs
paroles & actions, leſquelles ils
croyoient aſſeurées, lors qu'ils les
auoient euidemment auerées par
l'épreuue du feu, à raiſon dequoy
en choſes douteuſes, principale-

-ment , fi elles eftoient criminelles,
& ne fe pouuoient auerer par aucuns témoignages humains , ils a-
uoient recours aux éclairciffemens
du Ciel , & à la Maiefté de Dieu
mefme, lequel ne peut eftre abufé.
Or les preuues qu'ils faifoient , e-
ftoient principalement de trois fortes , fçauoir eft , le duel , au hazard
duquel ils s'expofoient , le fer ardent , lequel ils empoignoient a-
uec la main , ou fur lequel ils mar-
choient à pieds nuds ; & par l'eau,
ou par l'huile boüillante , dans laquelle ils plongoient le bras , croyans
fermement que Dieu appellé à ga-
rent , & inuoqué au fecours de leur
innocence , par certaines prieres
qu'ils faifoient prealablement , ne
permettroit pas qu'ils fuffent offen-
fez par cét attouchement. Chuno-
gonde femme de l'Empereur Henry de Bauiere , Princeffe doüée
d'vne beauté incomparable , &
d'vne pureté égale à fa beauté, ne
fçeut éuiter le foupçon d'impudici-

ré, ny le blaíme des médiſans. Le
bruyt courut qu'vn ieune Seigneur
de la Cour la voyoit ſecrettement.
L'Empereur en ayant le vent, ſe
diſtrait premierement d'elle ; puis
luy reproche ouuertement ſon impudicité. L'Imperatrice ſe deffend,
& s'offre ſuiuant la couſtume du
temps à marcher pieds nuds ſur
des Socs de charruë ardens, pour
iuſtifier ſa defenſe , & auerer ſon
innocence. Son mary la prend au
mot, & commande qu'on faſſe rou-
gir douze Socs dans le feu. Cette
vertueuſe Princeſſe ayant mis toute
ſa confiance en Dieu : cher la
pieds nuds ſur onze de ces Socs ardens , & s'arreſta ſur le douziéme
ſans eſtre offenſée , proteſtant à
haute voix, que iamais homme n'a-
uoit donné atteinte à ſa virginité :
car il faut remarquer qu'elle viuoit
en continence auec ſon mary , par
accord fait entre eux.

L'an huiĉt cens quatre-vingt-
ſept : Richarde femme de l'Empe-

rent Charles troisiéme, s'offrir en
cas pareil à faire la mesme preuue.

Yues de Chartres, qui vinoit il
y a plus de cinq cents ans, écrit
que ces preuues estoient authori-
sées en son temps és causes seculie-
res : & quant aux causes Ecclesiastiques, il dit que la coustume de
l'Eglise ne les receuoit point, &
que l'authorité Canonique n'a
point ordonné, que pour vuider
les differens Ecclesiastiques, il en
faille venir à l'épreuue du fer, ou
du feu. Ainsi tu vois qu'au temps de
nas Ancestres, le feu estoit la preuue de la verité inconnuë. Ie pensois
donc quand tu as dit : *I'en mettrois
bien la main au feu*, que tu y allois
à la bonne foy, & que tu voulois
rappeller cette vieille ceremonie.

✿✿✿✿✿✿✿✿✿✿✿✿

CHAPITRE XIV.

Il ne se faut point fier à ceux qui
foufflent le froid & le chaud.
Pasquin ou Satyre.

Le Manan. IE ne fuis pas de ces
fots là ; mais i'ay
bien voulu affeurer en vfant de ces
termes, que ie tiens pour certain
ce que vous m'auez dit : car ie vous
connois dés long temps pour vn
homme de bien, & fçay par vne
longue experience que vous n'eftes
pas vn mocqueur, ny du nombre de
ceux qui foufflent le froid & le
chaud.

Le Philofophe. Vrayment tu as
raifon, auffi ne crains ie point le
blafme du Satyre, lequel s'entrete-
nant, comme dit l'apologue, auec
vn Ruftaut de village, remarqua

XL.
foufler le
froid & le
chaud.

que le villageois ayant froid ef-
chauffoit fes mains auec fon.halei-
ne, & peu de temps apres qu'il fou-
floit fon potage pour le refroidir: il
luy demanda pourquoy.il faifoit cela. Il luy répondit à la premiere
fois qu'il fouffloit dans fes mains
pour les échauffer ; & à la feconde
qu'il fouffloit fon potage, pour le
refroidir. Le Satyre ne fçeut ce qu'il
en deuoit croire, voyant que d'vne
mefme chofe fortoient des effets
fi contraires. Pourtant il fe retira
tout fafché en luy difant : *Ie n'au-* Prou. 18.
ray iamais accointance, ny amitié 16.
auec toy ; puifque d'vne mefme bou-
che tu fouffle le froid, & le chaud.
C'eft vn apologue inuenté à plaifirs
mais auec iugement contre les ba-
billards, flatteurs, flagorneurs, &
rapporteurs, defquels le Sage dit,
qu'il ne femble pas qu'ils y touchent ; Eccl. 28.
mais que leurs paroles penetrent iuf-
qu'au fond des entrailles, & Iefus
fils de Sirach élance contre eux le
foudre de fa malediction : *Maudit*

soit, dit-il, *l'homme flagorneur, & qui a double langue ; parce qu'il a semé des troubles entre plusieurs qui viuoient en repos.*

Le Muean. Ce Satyre de l'Apologie, est-ce le mesme que vous nommez Pasquin ? I'ay plusieurs fois ouy confondre ces deux noms, & ay creu que ce pouuoit estre le mesme personnage que l'on nommoit Satyre, & que l'on surnommoit Pasquin.

Le Philosophe. Ce Satyre duquel i'ay fait mention, est vn de ceux que l'antiquité superstitieuse reueroit comme demy Dieux, ou, dit Strabon, comme Valets des Dieux, & pour en bien parler, ce n'est rien que le songe d'vn esprit abusé : & d'autant que les Anciens Payens representoient leurs Satyres d'vne humeur petulante, & d'vn naturel insolent, & mordant, les Poëtes ont nommé Satyres les inuectiues qu'ils ont composées contre les vices & les mœurs : & parce que

dans Rome on affiche publiquement les libelles compofez contre
le Pape, les Cardinaux, ou autres
à deux Marmoufets, nommez par
le vulgaire Pafquin & Marphorio,
on a furnommé Pafquin tous les
factons qu'on y attachoit, & ge-
nerallement toutes fortes d'inuectiues. Voilà d'où font deriuez
ces deux noms de Satyre & de
Pafquin.

Le Pape Adrian fixiefme piqué
de quelques efcrits diffamatoires,
& mordans, qu'on auoit attachés
à ces deux ftatuës contre fon honneur, delibera vn iour de les faire
precipiter dans le Tybre; mais l'Ambaffadeur d'Efpagne, fçachant fa
refolution fit entendre au Pontife
que fi on les iettoit dans l'eau, que
les Raynes coaxeroient par tout
ces inuectiues ridicules: on adiou-
te qu'il repartit à l'Ambaffadeur
qu'il les feroit donc mettre au feu,
à quoy vn certain Cardinal repliqua que les cendres en voleroient.

partout le monde & les Chiens de
Pasquin prendroient de là occasion
d'egayer leurs esprits , & d'exercer
leurs plumes pour celebrer , & im-
mortaliser le nom & la gloire de
leur Patron. Ces repliques firent
mourir la colere du Pape , & sau-
uerent Pasquin.

CHAPITRE XV.

Gentils-hommes à lievre, ou Che-
valiers du Lievre. La rencon-
tre d'vn Loup fuyant , signe
de bon euenement. Qui du Loup
parle , en voit la queuë. Il a
veu le Loup danser le branle
du Loup la queuë entre les iam-
bes.

Le Manan. VOus m'auez de-
sabusé ; car ie
croyois que Pasquin estoit quelque

petit Gentil homme à Lieure, qui
faifoit parler de luy.

Le Philofophe. Vrayement tu es
plaifant, tu le prenois donc pour
vn des Cheualiers, dont parle du
Tiller. Ce Greffier écrit en fes me-
moires, que Philippe cinquiefme,
& Edoüard troifiéme Roys de
France & d'Angleterre, eftant fur
le point de fe liurer bataille, vn
lieute fe leua prés du Camp des
François, qui excita vn fi grand
bruit en l'armée Françoife, que
l'arriere garde penfant qu'on fe
battit, prit les armes en diligen-
ce; & fur cette croyance quelques
Caualiers, aufquels le fang boüil-
lonnoit dans le corps, éguillonnez
d'vn glorieux defir de fignaler leur
generofité, accoururent aux pieds
du Roy demandans à fa Maiefté
l'honneur de l'accolade, & d'eftre
paffez Cheualiers; mais les armées
n'ayans point combatu, & l'allar-
me fe trouuant fauffe, caufée feu-
lement par vn lieure paffant à la te-

XLII. Gentils-hommes à lieure. Che-ualiers du Lieure.

ſte des troupes , ces Calualiers furent nommez par raillerie dans la
Cour , *Les Cheualiers du Lieure* , &
depuis encore parmy le vulgaire,
Gentilshommes à Lieure. Voilà la veritable ethimologie de cette ridi-
cule denomination ; quoy que
d'autres peut-eſtre ignorans ce que
nous en diſons , le rapportent à l'e-
xercice , & diuertiſſement ordinaire de noſtre Nobleſſe Françoiſe,
en ſes maiſons champeſtres , où ils
paſſent le temps à courir le Lieure,
ou le Cerf , ou à quelque autre ſorte de chaſſe.

Le Manan. Puiſque nous ſommes
en train de parler de la chaſſe du
Lieure , apprenez moy pourquoy
on dit , *que la rencontre du Loup
qui fuit , & ſe ſauue à grand pas ,
eſt vn preſage de bon heur* , & qu'au
contraire, *ſi vn Lieure ſchappe à la
fuite , c'eſt vn mal heur.*

Le Philoſophe. Que tu es vn bon
homme. Il n'eſt pas mal aiſé de
reſoudre ta queſtion , qui eſt mé-
lan-

langée d'erreur & de verité : d'erreur en ce qu'elle dit que le rencontre d'vn loup qui fuit, eſt vn
preſage de bon-heur : car le preſage eſt d'vne choſe future, & le rencontre du Loup fuyant, eſt le ſigne
d'vn bon-heur preſent. Sans doute que l'Autheur de ces Prouerbes eſtoit quelque Galland,
qui s'eſtoit trouué en la peine : &
quant à moy, ie ſuis bien de ſon
opinion : car il n'y a perſonne qui
ne ſoit bien plus aiſe de voir fuyr
vn Loup que d'eſtre aux priſes
auec luy, & en peine de ſe deffendre.

Le Manan. A propos du Loup
duquel nous auons parlé. *Qui du
Loup parle en voit la queuë*, voila l'homme qui diſoit que ie ſens
le fagot, taiſons nous, ie vous
prie.

Le Philoſophe. Pourquoy nous
taire ; nos diſcours n'offenſent perſonne ? Pourquoy app chenderions
nous de parler familierement en la

D

presence de cet homme : car dire,
voilà le Loup, cela s'entend silence;
Et qui du Loup parle en voit la quenë:
c'est à dire n'en parlons plus : ou,
voila l'homme duquel nous parlions.

Le Manan. Ce n'est pas mon intention de vous imposer silence;
mais ayant toufiours ouy vser de
cette façon de parler, lors que celui duquel on parle suruient à l'heure
du discours, j'ay creu ne point
faillir en suiuant l'vsage ordinaire.

Le Philosophe. Sçache Amy qu'il
n'y a que les ignorans, qui appliquent à vn tel vsage ces communes
façons de parler, & il n'en faut vser
que lors que quelque personnage
suruient à l'improuiste, le respect,
ou la crainte duquel interrompt
nos propos , & nous imposant
silence par sa seule presence, empesche la continuation de nos entretiens familiers : & alors on peut
dire : *hem lupus in fabula* : paix

voila le Loup, la presence duquel impose le silence ; parce que tout ainsi que le Loup est dit empescher la voix de ceux qui le rencontrent; de mesme la presence d'vne per-sonne qu'on craint ou qu'on res-pecte fait faire silence à vne com-pagnie.

Le Manan. Tout cela est beau & bon ; mais n'est il pas vray que la veuë du Loup fait perdre, ou pour le moins enroüer la voix à celuy qu'il regarde : car il me sem-ble que c'est pour cela qu'on dit, quand vn homme est enroüé, *qu'il a veu le Loup.*

Le Philosophe. Il est vray qu'on dit vulgairement, & Isidore l'escrit, que si le Loup voit l'homme, aupa-rauant que l'homme l'ait veu: il luy fait perdre la voix ; parce qu'il in-fecte l'air auec son haleine, & que l'air ainsi infecté, infecte aussi la respiration de l'homme prochain, ou plustost luy altere par son infe-ction, l'artere vocale. C'est ce que

Virgile dit en ses Bucoliques, esce
arriué à vn Berger: *Lupi Marin vi-*
dere priores : Les Loups ont preuenu la veuë de Meris ; mais ie vois
bien que la veuë du Loup ne t'a pas
preuenu : car tu parle haut , comme si i'estois Sourd. C'est vne mauuaise habitude.

❀❀❀ ❀❀❀ ❀❀❀ ❀

CHAPITRE XII.

Il est faict reú. La deuise de
Monsieur de Guise, chacun à
son tour. Semer les marguerites
deuans les pourceaux. Grais-
sez les bottes d'vn vilain, il
dit que vous les luy bruslez.

Le Manan. VOus me faites reú ;
mais là là patience,
La deuise de Monsieur de Guise , à
chacun son tour , ie m'en ressouuien-
dray.

Le Phil. Ie vois bien que mes in-
ftructions t'irritent au lieu de t'in-
ftruire, & que parler à toy & à tous
tes pareils de quelque chofe vtile,
c'eft femer les marguerites deuant les
pourceaux. Graiffez les bottes d'vn
villain, il dit que vous les bruslez. Tu
te plains de ce que *ie t'ay dit faire*
rem, (car c'eft ainfi qu'il faut dire , pour parler correctement.) Ie
ne penfe pas que tu veuille dire que
ie t'ay rendu criminel , qui eft
pourtant la vraye fignification de
ce que tu dis , à le prendre au
pied de la lettre ; mais tu entens
par là que ie t'ay rendu honteux,
& confus, & que par mefme moyen
ie t'ay fermé la bouche ; tout ainfi
qu'on fait baiffer la veuë de honte , & qu'on fait taire vn criminel,
auquel on reproche fon crime.
& pour ce fuiet tu me menace,
de te venger à la premiere occafion : & dans ce rencontre ie trouue que durant la ligue c'eftoit la
deuife de Meffieurs de Guife, que

XLVII.
Faire ſet.

tu as alleguée , au moins faiuant
l'intelligence vulgaire : car lors
que ceux de la maison de Guise
estoient Chefs du party de la Ligue
en France ils portoient pour deuise , *A chacun son tour.* Ces paroles auoient vn double sens : car suiuant l'intention des Guisars , selon
quelques vns, elles signifioient que
si la race de Hugue Capet auoit re-
gné depuis la mort du Roy Loüis
V. qui aduint en l'an neuf cent qua-
tre-vingt sept , en exilant Charles
Duc de Lorraine, qui estoit le plus
prochain heritier & successeur de la
Couronne de France, comme premier Prince du Sang , le Duc de
Guise , qui estoit de la maison de
Lorraine , regneroit à son tour en
excluant les maisons de Valois &
de Bourbon, qui sortoient en droite ligne de Hugue Capet : mais suiuant l'interpretation du vulgaire,
à chacun son tour : c'est à dire , si
tu as auiourd'huy l'auantage sur
moy , si tu me bas , si tu m'abais,

se, i'épieray l'occasion de m'en venger, & de t'humilier, ou de te battre
aussi à mon tour. Ainsi tu me menace de me rendre le mal pour le
bien ; & parce que ie tasche à dif-
siper les tenebres de ton ignorance
par mes instructions familieres, tu
es si brutal de me menacer. Voila ce que c'est, *de semer les mar-*
guerites deuant les pourceaux, c'est
à dire d'estaler des choses curieuses, excellentes, & releuées par des-
sus le commun deuant les ignorans,
& en presence des Butors & Stupi-
des. Graissez les bottes d'vn vilain,
il dit que vous les brusliez, obligez
vn méconnoissant, vous le desobli-
gez, faites du bien à vn ingrat, il se
plaint comme si vous luy faisiez
du mal. Le Poëte Sophocle auoit
raison de le dire en sa Tragedie
d'Aiax.

E.
Semer les
margue-
rites de-
uant les
pourceaux.
L I
Graissez les
bottes d'vn
villain, il
dit que
vous les
brusslez.

D iiij

✿✿✿✿·✿✿·✿✿✿

CHAP. XVII.

Ie suis bon cheual de Trempette,
ie ne m'estonne pas pour le
bruit. Bœufs portent cornes &
Veaux cornettes. A lauer la
teste d'vn Asne, on ne perd
que la lexiue. Cordonier me-
lez vous de vostre pantoufle.

Le Menou. IE suis bon cheual de
Trompette, ie ne m'e-
tonne pas pour le bruit, & puis il
vous est permis de dire tout ce
qu'il vous plaist : premierement
parce que vous estes mon amy, &
en second lieu , parce que vous
estes du nombre des venerables
Docteurs , desquels on dit que
Bœufs portent cornes & Veaux
cornettes.

Le Philof. Vrayment tu ne fçau-
rois mieux dire, fi tu ne recom-
mence, pourueu que tu prenne tout
pour toy: car en effect quand tu as
les pieds fur les treteaux, ou la tefte
fous la cheminée, tu es bon Cheual de Trompette, tu ne t'eftonne
pas pour le bruit, autrement tu t'é-
tonnerois de toy mefme; car tu fais
plus de bruit que quatre; mais fi tu
eftois à la guerre, ou fi par hazard
tu te rencontrois en vn combat
inopiné, où il fe fallut deffendre
genereufement contre des ennemis
dignes de ta valeur: c'eft particulierement dans le peril où les hommes
genereux font connoiftre qu'ils
font bons cheuaux de Trompette,
parce que, ny le cliquetis des armes, ny la grefle des moufquetades
ny le tonnerre des canons ne les
fçauroit non plus épouuanter, que
les chamades des trompettes, ou
le bruit des tambours peut faire
trembler le cheual d'vn Trompette,
qui eft accouftumé à tous ces tinta-

LI I.
Ie fuis bon
ch ual de
Trompette,
ie ne m'é-
tonne pas
pour le
bruit.

D v

mares : que ſi tu as de l'aſſeurance
dás le bruit, c'eſt à la mode des femmes du vulgaire, qui ne s'eſtonnent
pas pour celuy qu'on fait dans vn
marché ; au four , à la fontaine , &
en mille autres lieux ſemblables, où
leurs langues vont comme des cli-
quets de moulins. De cette ſorte là
tu te peux meſler dans le babil des
femmes , & dire, *que tu ne t'eſtonne*
pas pour le bruit. Quand ie te parle de la ſorte, crois certainement
que ie te parle en vray amy, & non
pas en authorité de Docteur , ny
parce que ie porte la cornette ſur
l'épaule : car cette cornette eſt la
marque de ma qualité Doctorale, &
fait connoiſtre que ie ſuis gradué.
Quant à ce que tu dis , que ie ſuis
du nombre de ceux deſquels on dit
que *Bœufs portent cornes, & Veaux*
cornettes : Cela ne peut eſtre : car
quand on dit , *que Bœufs portent*
cornes, on parle des vieux Aduocats, Côſeillers, & autres membres
de Iuſtice , qui ont de belles ieunes

§ I I I.
Bœufs por-
tent cornes,
& veaux
cornettes

femmes , lefquelles ne treuuans
pas leurs maris aſſez vigoureux,
vont à la Cour des Aydes , &
leur font porter l'aigrette des
Bœufs , Patrons des groſſes beſtes.
Or n'eſtant point marié & ne
l'ayant iamais eſté, ie ne puis eſtre
de la confrairie de ceux deſquels on
dit , *que Bœufs portent cornes* : &
eſtant deſia auancé en aage , on ne
me doit pas mettre en la ſocieté
des Veaux ; qui portent cornettes:
ç'eſt à dire au rang de ces ieunes Li-
cenciez ou graduez,qui n'oſeroient
faire trois pas ſur la ruë , ou paroiſtre en public ſans auoir leurs cornettes , de peur de n'eſtre pas con-
nus pour ce qu'ils ſont.

Le Manan. Mon Docteur, mon
Gradué, mon Licentié , mon tout
ce qu'il vous plaira *ne fumetis* , de
grace : car ny vos belles paroles,
ny vos graues reprimandes , ne me
ſçauroient faire changer , ie ſuis
comme le Camelot, i'ay pris mon
ply.

D vj

Le Phil. Ie sçay bien qu'à lauer

LIV.
A lauer la
teste d'vn
asi e on ne
perd que la
lexiue.

la teste d'vn Asne, on ne perd que
la lexiue ; c'est à dire, que c'est peine perduë de remonstrer à vn sot,
de reprimander vn lourdaut, de re-
dresser vn obstiné, d'instruire vn
Butor qui se plaist en son ignorance, & s'obstine en sa brutalité, comme toy qui ne sçais rien, & ne veux
ien sçauoir.

*Le Manan. Cordonier ne vous mé-
lez que de vostre pantoufle.* Monsieur le Docteur laissez moy pour
tel que ie suis, & parlez de vostre
doctrine sans vous rompre la teste
de mon ignorance.

Le Philosophe. Tu as raison :

LV.
Cordonier
ne vous
mélez que
de vostre
pan oufle.

c'est ainsi que le Peintre Appelles fit taire vn Cordonnier, qui
ayant trouué à redire à la façon
de la pantoufle d'vn pourtrait que
cét excellent Peintre auoit expo-
sé en public, Appelles luy en
sçeut bon gré, & reforma le man-
quement ; mais le mesme Artisan
syant aussi dict son auis sur quel-

que autre partie de ce mesme tableau, le Peintre luy ferma la bouche, en luy disant le mesme terme
que tu as allegué: *ne sutor vltra cre-
pidam*: Cordonier ne vous meslez
que de vostre pantoufle.

CHAP. XVIII.

Il frappe comme vn sourd. Il crie comme vn aueugle qui a perdu son baston. Femme se plaint, femme se deult, larmoye & rit quand elle veut. Il ne faut que deux poinéts pour faire taire vne femme, Femme couchée, & bois debout, homme n'en vit iamais le bout.

Le Manan. NOus combattons ici du bec, & ceux là combattent du poing comme ils s'escriment: l'vn frappe comme vn sourd, & l'autre crie comme vn aueugle qui a perdu son baston. Ie crois pourtant qu'ils ont tous deux bonnes oreilles & bons yeux.

Et Philosoph:. Tu n'y entens
rien. Vn Sourd frappe fort, pour
entendre les coups qu'il donne: car
ayant l'ouye dure, il ne les pourroit
pas entendre, s'il frappoit doucement, & croiroit ne point frapper:
& quand l'Aueugle, a perdu son
baston, qui sert d'yeux à son corps,
& de guide à ses pieds, se trouuant
en peine pour auancer chemin, &
ne sçachant s'il y a quelqu'vn au-
tour, ou proche de luy, il crie haut
pour le faire ouyr à ceux qui sont
plus esloignez, afin qu'estans approchez à ses cris, ils luy cherchent
& rendent son baston. Cet homme
& cette femme qui ioüent aux Dames rabbatuës font de mesme: car
le mary assene ses coups vn peu
fort pour les mieux ouyr, & la femme crie vn peu haut pour estre ouye
de plus loin. Tout cela ne sont que
caresses.

Le Maman. Appellez vous cela caresses, c'est ce que i'ay bien de la
peine a croire, car la feme se plaint
fort & pleure à grosses larmes:

LVI.
J' frappe
comme vn
Sourd.

LVII.
Il crie
comme vn
Aueugle
qui a perdu
son baston.

LVIII.
Fenme se
plaint fem-
me se deult
larmoye &
rit quand
elle veut.

Le Philosophe. T'émerueilles-tu
de cela ? les femmes ont les larmes
à commandement, & font de leurs
yeux tout ce que bon leur semble,
n'as tu point ouy parler de celles, que les Anciens nommoient
Prafice, ausquelles on donnoit de
l'argent pour pleurer aux enterre-
mens, dont elles s'acquitoient auec
tant de fidelité qu'elles incitoient à
pleurer tout le conuoy mortuaire.
Cette mesme coustume se pratique encore à present en Irlande,
en certains endroits de la France, &
ailleurs, où on louë des pleureuses pour assister aux funerailles, &
en rendre la pompe plus funebre.
Les Poëtes parlent souuent de ces
Pleureuses, qui faisoient, quand il
leur plaisoit, des ruisseaux de leurs
yeux; d'où ce Prouerbe a pris son
origine.

Femme se plaint, femme se deult,
Larmoye, & rit quand elle veut.

Le Manan. Puis qu'il tient à peu
de chose, pourquoy est-ce que ces

te bonne femme piaille, criaille, &
pleure ſi horriblement? I'ay toû-
iours ouy dire qu'il ne faut que
deux points pour faire taire vne
femme ; pourquoy donc ne l'appai-
ſe t'on pas?

Le Philoſophe. Son mary fait ſon
deuoir : car ie vois bien qu'il ne
luy eſpargne pas ſes deux poings,
& qu'il luy fait ſentir tout de bon
la peſanteur de ſes deux mains : car
ce ſont les points leſquels on dit
eſtre ſuffiſans pour appaiſer les fou-
gues d'vne femme, & arreſter ſes
cris : Et parce que ces deux poings
ne ſuffiſent pas pour l'obliger à
ſe taire, tant elle eſt forte en gueule, il y a employé ſes deux pieds &
ſes deux poings alternatiuement,
comme ſi c'eſtoient quatre fleaux
qui batiſſent dans vne grange.

Le Manan. Il n'y gagnera pourtant rien : car on dit, *que de femme
couchée, & bois debout, homme n'en
vit iamais le bout.*

Le Philoſophe. Tu as quelque ſoſ-

BIX.
Il ne faut
que deux
points pour
faire taire
vne fem-
me.

te de raifon ; mais ce n'eft pas de la
meilleure: veu que ce n'eft pas en ce
fens qu'on doit entédre ces paroles,
parce qu'eftant couchée comme elle eft , elle témoigne fa foiblefle,
& fait connoiftre que n'eftant pas
affez forte pour porter & fuppor-
ter la pefanteur des poings de fon
mary , elle a fuccóbé fous le poids.
C'eft dans le lict qu'vne femme fait
paroiftre fa force : c'eft en trauail-
lant à fes pieces , qu'elle témoigne
fa puiffance : c'eft là que la beaue
eft victorieufe d'Alexandre. C'eft là
que là generofité de Cefar rend les
armes à Cleopatre, & que Marc-
Antoine fe monftre plus foible
qu'vn enfant; C'eft là que Deianire
fait perdre à Hercule le glorieux
nom d'inuincible : c'eft là que Da-
lila triomphe de Samfon : C'eft là
que la delicateffe du fexe fait faire
ioug à la vertu de Salomon; C'eft là
enfin, où l'experience fait voir, *que*
de femme couchée & bois debout ,
homme n'en vit iamais le bout.

x x.
De femme
couchée &
bois de
bout, hom-
me n'en vit
iamais le
bout.

CHAPITRE XIX.

Vne bonne femme est vne mau-
uaise beste. Les femmes sont
des Diables qui trom-
pent les hommes.

Le Maman. POur celle qui vient
il y a long temps
que ie la connois : c'est vne bonne
femme.

Le Philosophe. C'est donc vne
mauuaise beste : car on dit vulgairement qu'vne bonne femme est
vne mauuaise beste : & ie m'asseure
que tu n'en sçais pas la raison : ie te
la veux apprendre. Ceux qui ont
l'intelligence des vieux Epitaphes,
& s'entendent à la lecture des Mo-
numens antiques, ont souuent remar-

12t.
Vne bonne
femme est
vne mau-
uaise beste.

qué és infcriptions abregées des
vieux tombeaux, ces deux lettres
capitales M. B. qui veulent dire,
Mulier Bona, en noftre langue, bonne
femme ou bône Matrone. Qu'elques gaufleurs ont rencontré en
riant que ces deux lettres M. B.
fignifient auffi bien, *Mala Beftia*,
c'eft à dire, Mauuaife Befte, que
Mulier Bona : & c'eft delà qu'eft venu le Prouerbe, qu'vne bonne femme eft vne mauuaife befte.

LXII.
Les femmes font
des Diables qui
trompent
les hommes,

Celuy qui a dit que les femmes
font des Diables qui trompent les
hommes, n'en a pas eu meilleure
opinion : c'eft vn Gentil-homme
Indien. Reprenons l'Hiftoire vn
peu plus haut, & remontons à fa
fource, pour apprendre l'origine
de cette qualité des femmes. Vn certain Roy des Indes n'auoit qu'vn
fils, qui deuoit fucceder à fes
Eftats. Les Deuins & Prophetes, ou pluftoft les Sorciers & Magiciens de fon Royaume luy predirent, que ce Prince apporteroit

vn iour vn grand changement, &
bouleuerfement à tout fon Eftat, &
qu'il auroit connoiffance d'vne autre Religion que de celle qu'il pro-
feffoit. Le Roy affligé de ces man-
naifes Propheties pour preuenir
l'accident qui le menaçoit, fit enfer-
mer & éleuer fon fils dans vn de
fes chafteaux, où rien ne luy man-
quoit que la liberté de fortir : car il
auoit vn train & vne Cour dignes
de fa naiffance, & eftoit fuiuy, &
feruy felon fa qualité par des Gen-
til-hommes & feruiteurs confidens
& affidez du Roy, qui auoyent or-
dre de diuertir le Prince par toutes
fortes de nobles exercices : tant
pour luy faire écouler doucement
le temps, qu'afin qu'il ne s'ap-
perceut pas de fa captiuité ; mais
fur tout il leur eftoit enioint de
prendre foigneufement garde que
l'entrée du chafteau ne fut permi-
fe à aucune femme, & qu'aucun
Eftranger n'euft libre accés auprés du Prince ; neantmoins

ny la feuerité de ce commandemét,
ny la vigilance des Gardes, ny la fidelité de fes Gouuerneurs ne fçeut
empefcher qu'vn Chreftien nommé Barlaam , infpiré & conduit de
Dieu , ne trouua moyen d'aborder
ce Prince en qualité de Ioüallier,
qui auoit quelques rares pierreries
à luy faire voir , mais la principale
eftoit la precieufe perle de la Foy ,
qu'il luy debita auec vne eloquen-
ce Diuine. Dés lors le Prince Iofaphat ayant gouté la liberté des Enfans de Dieu , en gourant les paroles de fon Apoftre Barlaam , prit à
dégout la feruitude du Prince des
tenebres , qui luy auoit produit par
ces captieux oracles la captiuité
corporelle, en laquelle il eftoit dete-
nu depuis fon enfance. Ce dégouft
imprima fur fa face les marques ap-
parentes d'vne triftefle extraordinaire. Le Roy fon Pere en ayant remarqué les traits, & iugeant du dé-
plaifir de fon efprit par la feuerité
de fon vifage, luy demanda les cau-

ſes de ſa mélancholie : le Prince luy
dit naïfuement, qu'eſtant plus mal-
heureux que le moindre de ces eſ-
clauès, il n'auoit que trop de ſuiet
d'eſtre mélancholique : que ſes ſer-
uiteurs eſtoient libres, & qu'il eſtoit
captif. Le Roy ne put refuſer à ſes
iuſtes deſirs la liberté que ſa diſcre-
tion requeroit ſans parler, & luy
permit de ſortir de ſa priſon Roya-
le, & de ſe promener dans la ville.
A ſa premiere ſortie toutes choſes
luy ſemblerent nouuelles, & n'ayât
aucune connoiſſance de laplus part
des obiets qui ſe preſentoient à ſes
yeux, il s'enqueroit de ceux qui
eſtoient proches de luy, comment
on les appelloit. Ayant entre autre choſes veu quantité de femmes,
que la curioſité de voir leur ieune
Prince faiſoit paroiſtre dans les places publiques, il demâda quels animaux c'eſtoient, & comment on les
appelloit. Vn Courtiſan qui marchoit à coſté du Prince, répondit en
riant, que c'eſtoient *des Diables qui*

t,ompent les hommes; Iosaphat estant
de retour en sõ Palais, & enquis du
Roy son Pere du contentemét qu'il
auoit receu en sa promenade, & de
ce qui luy auoit le plus agrée : le
Prince repartit , que de tous les
obiets qui s'estoient presentez à sa
veuë, il n'auoit rien veu de plus
agreable que ces Animaux qu'on
appelle, *des Diables qui trompent les
hommes.* Le Roy informé de la verité, ne se peut empescher de rire, &
le suiet en estant publié par tout la
Cour & par tout le Royaume, l'e-
pithete en demeura aux femmes: &
les Historiens en ayant publié l'histoire dans tout le reste de la terre,
& à toute la posterité, on les a qualifié depuis , & on les qualifie encore a present, quand on veut rire
à leurs dépens *des Diables qui trompent les hommes.*

✿✿✿✿✿✿✿✿✿✿✿✿

CHAP. XX.

Tayfez vous petit baboin, laiffez
parler voftre Mere qui eft plus
fage que vous. Les Enfans trop
toft fages, ne viuent pas long
temps. Où il y a tant de tiltres, il
n'y a gueres de lettres.

Le Manan. IE crois qu'on eut
bien peu dire à ce
ieune Prince, quand il vouloit parler comme on difoit à l'autre : *Tai-*
fez vous petit baboin, laiffez parler
voftre Mere qui eft plus fage que
vous : car à ce que l'on peut juger
du recit de fon hiftoire, il n'eftoit
pas des plus fpirituels de ce monde. Et s'il eft vray ce qu'on dit ordinairement, que *les Enfans trop*
toft fages ne viuent pas long temps, il
auoit fujet d'efperer bonne & lon-

E

gue vie : car il me ſemble qu'il n'e-
ſtoit pas trop ſage, ny trop ſpiri-
tuel, non plus que moy.

Le Philoſophe. Voudrois tu qu'il
eut parlé comme ſçauant de ce
qu'il n'auoit iamais ny veu, ny ouy:
tu as toy meſme aſſez de peine à
diſcourir de ce que tu as ouy &
veu. I'en juge tout autrement que
toy, & croy qu'il eſtoit naturellement doué d'vn eſprit parfaitement vif; car il conceuſt ſans nulle
difficulté les veritez celeſtes que
Barlaam luy enſeigna : il connut
d'abord l'excellence de la perle
Euangelique, que ce Diuin Marchand luy apporta de la part de
Dieu, & la prefera aux richeſſes
de ſon Royaume, & à toute la
gloire du monde. Eſt-ce là man-
quer d'eſprit; mais pluſtoſt n'eſt ce
pas eſtre doué d'vne viuacité ſur
humaine & pareil à celle des Anges? & puis parle à ta mode, & dis
qu'on eut bien peu dire en raillant
à ce jeune Prince, ce qu'vne jeune

(marginal note:) Taiſez
vous
petit
ba-

Elle paſſionnée d'amour dit autres
fois à vn petit frippon. Elle eſtoit
entrée dans vn temple, & proſter-
née à deux genous deuant l'image
de Venus, qui tenoit par la main
ſon petit Cupidon, la prioit ar-
damment, & d'vne voix aſſez inte-
ligible, qu'il luy pleuſt luy faire a-
uoir en mariage vn beau galland
qu'elle aymoit. Par inaduertance
vn certain frippon qui eſtoit caché
derriere l'autel, luy reſpondit en
raillant, *ce n'eſt pas pour vous.* La
jeune ſuppliante croyant que ce
fut Cupidon qui luy auoit fait cette repartie, repliqua en cholere,
Taiſez vous petit Baboin, laiſſez par-
ler voſtre Mere, qui eſt plus ſage que
vous.

Quant à ce que tu dis, que le
Roy Ioſaphat n'eſtant pas des plus
ſpirituels du monde qu'il a deu viure fort long-temps: ce que ie viés
de dire aneanty ta propoſition: car
i'ay preuué euidemment la viuacité de ſon bel eſprit, en repreſen-
E 4

tant ſa force & promptitude à
comprédre les myſteres ineſtima-
bles de noſtre redemption; de ſorte que ſi de la ſublimité de ſon bel
eſprit on doit tirer vne conſe-
quence de la felicité des jours de
ce Prince, & de la brieueté de ſa
vie, on doit conclure qu'il n'a pas
ioüi d'vne ſanté aſſeurée, & n'a
veſcu longuement : car ſuiuant la
maxime ordinaire, & la raiſon naturelle, *les enfans trop toſt ſages ne*
viuent pas long temps.

LX IV.
Les en-
fans
trop
toſt ſa-
ges ne
viuent,
pas
long-
temps.

Cette Maxime ſemble eſtre para-
doxe, & toutes-fois ce n'eſt pas v-
ne choſe ſurnaturele, & n'eſt pas
difficile d'en donner la raiſon : car
la nature nous montre (& l'experience meſme nous l'apprend) que
les choſes qui ſont trop haſtiues, &
s'auancent auant la ſaiſon, ne ſont
pas de longue durée. Les plantes, &les beſtes, qui croiſſent en
peu de temps, & paruiennét à leur
maturité & perfection pluſtot que
les autres de meſme genre ou eſ-

peces qui ne croiſſent que tardiue-
ment, declinent, & periſſent auſſi plus promptement : Par exemple , le cheual entre les beſtes bru-
tes, & la peſche entre les arbres,
qui croiſſent hatiuement, ne viuent pas longtemps: au cõtraire,
le cerf & l'orme, qui s'auancẽt len-
tement, viuent auſſi longuement.
De meſme entre les hommes, ceux
qui paroiſſent trop toſt meurs , ne
viuent pas longues années, ſuiuant
le cours ordinaire de la nature ; &
c'eſt l'opinion vulgaire que les enfans qui ont l'eſprit trop vif , &
qui ſont, comme dit le Poëte Sophocle en ſes adages, *Andrapedes,*
c'eſt à dire, *hõmes enfans,* ne doiuent pas viure long temps. Caton
le Cenſeur eſtoit de cet auis : car
il aſſeuroit qu'vne jeuneſſe ſage,
c'eſt à dire , qui participe de la ſa-
geſſe des Vieillars, eſtoit vn ſigne
de mort auant l'age. Et Caſſius,
au rapport de Seneque , diſoit
d'Alfius Flauius, jeune, mais fort

fçauant, & douê d'vn efprit extraordinairement vif, qu'vn efprit fi grand & fi prompt auant l'â-
ge, ne feroit pas de longue durée.
La raifon en eft euidente. Le cerueau eftant le principal organe de
la memoire, de l'entendement, les
Enfans l'ont encore mol, delicat &
fort tédre. Ceux qui ont l'efprit fi
toft meurs & prompt, le trauaillét
beaucoup en iugeant, & raifon-
nant; eftant encore tendre, il s'al-
tére & vfe en peu de temps, d'où
s'enfuit ineuitablement la mort,
d'autant que le principe de la vie
eftant au cerueau, & le cerueau
eftant comme le donion de la vie;
lors qu'il eft alteré, & vfé, il faut
neceffairement que l'Animal rai-
fonnable periffe dans fa ieuneffe.

Le Manan. Et de là vous con-
cluez, que le Roy Iofaphat eftant
Prince de grand efprit, n'a pas deu
faire de vieux os fuiuant le cours
de la nature : mais je demanderois
volontiers; eftoit-ce vn grand

Monarque ?

Le Philofophe. Il eſtoit le plus
grand & le plus puiſſant Prince
qui regna dans les Indes : car il
eſtoit Roy d'vn Royaume de fort
grande eſtenduë, Prince de pluſieurs belles Prouinces, & Sei-
-gneur en titre de ſouueraineté de
pluſieurs riches terres.

Le Manan. Il n'eſtoit donc pas
ſçauant : car on dit que, *Là où il y
a tant de titres, il n'y a gueres de
lettres:* C'eſt à dire à ce que ie li-
ſois encor à ce matin, que les Seigneurs qui ont tant de belles qualitez, & vn ſi grand nombre de
titres Seigneuriaux, comme de
Prince d'icy, de Duc de là, de
Marquis d'vn lieu, de Comte d'vn
autre, de Vidame de cette place
icy, de Damoiſelle de cette place
là, de Baron à droit, de Vicomte
à gauche, & de Seigneur de tous
les coſtez ; que ces grands Seigneurs, diſ-je, ne ſont pas ordinairement grands Docteurs.

LXV.   *Le Philoſophe.* C'eſt la maxime
Où il y   d'vn Roy des Indes Prince malin,
a tant   & artificiel, ſi iamais il en fut, en-
de ti-   nemy iuré des Sciences, & des
res, il
n'y a   hommes ſçauans, qui auoit de la
guere   peine à croire qu'vn Seigneur, ou
de let-   qu'vn Gentilhomme de ſa Cour
tres.   fut docte & honneſte homme, &
            qui a voulu faire paſſer en maxi-
            me, que *où il y a tant de titres, il*
            n'y a gueres de lettres; par alluſion
            faite aux eſcritures abregées où la
            ſuppreſſion des lettres eſt ſupplée
            par des titres; comme par exem-
            ple pour dire, admonition, on
            eſcrit adōion, homme hōe parfai-
            tement parfaitemᵗ; mais tous les
            ſiecles ont dementy la fauſſeté de
            cette maxime par la production
            de pluſieurs Princes & Seigneurs
            qui ont allié la grandeur auecque
            les lettres, & ont releué la ſplen-
            deur de la nobleſſe par l'eſclat des
            Sciences.

CHAP. XXI.

Moutarde de Dijon. S'amuſer à
la moutarde. Battre le fer pen-
dant qu'il eſt chaud. Merde à
Voſtre gorge, marchand de Pa-
ris.

Le Manan. C'Eſt trop long-
temps ſejourner
dans.les Indes, & frequenter parmy les Indiens ; reprenons la route du logis, & allons voir ſi on y
fait meilleure chere , quand on y
eſt en chair & en os, qu'en la Cour
du Roy Ioſaphat, où n'ayans eſté
qu'imaginairement , nous n'auons
pû eſtre repus que de viandes ima-
ginaires. Ce que i'ay dans mon
pot eſt vn peu plus ſolide, & rem-
plit mieux le creux de l'eſtomac.
Prenez la peine d'en venir manger
voſtre part, vous aurez le choix
E v

d'vn morceau de bœuf, ou d'vn
morceau de porc, lequel aymez-
vous mieux.

Le Philosophe. A mon gouſt, i'ay-
merois mieux d'vn bon morceau
de porc.

Le Manan. Vous aymeriez donc
mieux vn morceau de merde.

Le Philosophe. A voſtre gorge,
Marchand de Paris.

Le Manan. Vous aymeriez, disje, mieux vn morceau de merde
qu'vne poignée d'herbe : car vn
eſtron eſt vn morceau de porc, &
vne poignée d'herbe eſt vn morceau de bœuf. Dites que vous en
tenez, Monſieur le Docteur. Mais
ſans raillerie, ie vous traitteray de
l'vn & de l'autre, & vous ſeruiray
familiairement d'vn bon groin de
pourceau, qui court dans ma mar-
mite apres vne piece de bœuf
tremblante, & pour aſſaiſonner ce
peu que ie vous offre, de bon cœur
nous entamerons vn baril de fine
moutarde de Dijon, & boirons à
tire-larigot.

Le Phil. Mon amy, ie te prens
au mot : mais ie te prie, éclaircy-
moy d'vn doute, ou ie te l'éclair-
ciray. Pourquoy seruiras tu pluftoft de la moutarde de Dijon, que
de celle d'Oberuillers, ou du lieu
où nous sommes?

Le Manant. A vous le dez, mon
Maiftre; ie le fçauray quand vous
me l'aurez dit.

Le Philofophe. Ie fuis natif du
reffort de Dijon, & ay paffé eftant
jeune efcolier vne partie de mon
premier age dans cette mefme ville, n'ay pas apperceu que la moutarde y fut plus excellente, ny en
plus grande quantité qu'ailleurs;
quoy que certains Marchãds abu-
fans à leur profit de ce mot ordinaire, debitent cheremét quelques
petits barils, ou pains de moutarde, dont ie n'ay iamais approuué
l'vfage, parce que pour la diftri-
buer, ils meflent parmy de la terre
graffe, qui la rend indigefte, & mal
faine. Ie le fçay pour en auoir veu

LXIV.
Mou-
tarde
de Di-
jon.

faire, eftant penfionnaire chez vn
habitant de cette mefme ville, qui
faifoit trafic de telle marchandife.
Il n'y a nulle apparence que ce foit
pour cela qu'on dit moutarde de
Dijon, & que les Dijonois font
qualifiez, *Moutardiers*. Si tu en
veux fçauoir la veritable caufe, ie
t'en entretiendray pendant qu'on
mettra le couuert. En l'an mil trois
cens huitante-deux, lors que Charles le bien aymé Roy de France,
alla auec fon oncle Philippe le
Hardy, Duc de Bourgogne, au fecours de Louis Comte de Flandre,
que les Gantois rebelles auoient
reduit à l'extremité fous la conduite de Philippe d'Arteuelle, &
de Pierre du Bois, les deux chefs
de la rebellion de Gand; la ville
de Dijon qui s'eft toufiours mon-
trée fidelle & affectionnée à fes
Princes, leua de fon plein gré, iufqu'au nombre de mille hommes,
qu'elle enuoya en Flandre à fes
frais & defpens. Le Duc recon-

noiſſant le zele des Dijonois, leur
donna pluſieurs beaux priuileges
& reconnut leur fidelité, pour ré-
compenſe dequoy il donna pouuoir à la ville de porter deſlors en
auant les deux chefs de ſes armes,
qui ſont les modernes, & les anciennes armes des Ducs de Bourgogne, à ſçauoir de France, qui
eſt d'azur, ſemé trois fleurs de Lys
d'or, pour le premier : & coticé,
ou bandé d'or , & d'azur de ſix
pieces pour les anciennes, à la bor-
dure componée d'argent , & de
gueulles. Auecque cela il leur donna ſon cry , qui eſtoit, *mont me*
tarde ; mais comme cette deuiſe
eſtoit eſcrite en forme de rouleau
en cette façon:

MOVT   TARDE.
        ME

Pluſieurs en la liſant ne prenoient
pas garde au mot du milieu, ou
faiſoient ſemblant de ne le pas
voir ; par ce qu'il eſt eſcrit au deſſous, & liſoient ſeulement MOV-

LXVII. TARDE: d'où eſt venu qu'on
S'amu-　a dit, *Moutarde de Dijon*, & qu'on
ſer à la　a qualifié *Moutardiers* les Bour-
mou-　geois de cette ville-là.
tarde.

Le Manan. Voila qui eſt fort
bien; mais vn bon ſouper vaut
mieux: allons voir ſi la table eſt miſe, ie veux dire couuerte: car il y
a longtemps qu'elle eſt miſe; allons, dis je, ſans nous amuſer plus
longtemps à la moutarde.

Le Philoſophe. Ce que tu veux
dire eſt bien apropos ſans nous a-
muſer plus long-temps au diſcours de la moutarde.

On peut bien auſſi vſer de ce
meſme terme en toute autre ſorte de rencontre, mais en vn autre
ſens: car ſi quelqu'vn s'arreſte, &
tarde en quelque autre ſujet, nous
diſons par vne aluſion vn peu éloi-
gnée, & contrainte, qu'il s'amuſe
à la *Moutarde*, c'eſt à dire en vieil
Gaulois, qu'il tarde moult, & demeure longtemps. Or allons donc
puis que tu le veux, & que tu m'y

connuë, allons disje souper sans
nous amuser plus longuement à la
moustarde. Il faut battre le fer pendant qu'il est chaud, c'est a dire,
qu'il faut prendre l'occasion aux
cheueux quand elle se presente
conforme à nos desirs, & que le
temps est fauorable à nos desseins,
suiuans en cela le conseil du Caton de la France, qui dit en termes
fort Sentencieux selon son ordinaire.

LXVIII.
Il faut
battre
le fer
pendāt
qu'il est
chaud.

Ce que tu peus maintenant ne diffère
Au lendemain comme le paresseux,
Et garde aussi que tu ne sois de ceux
Qui par autruy font ce qu'ils pour-
roient faire.

Le Manan. Pendant que ie
m'en souuiens, & deuant que nous
mettre à table, quand, i'ay parlé
de *Merde*, pourquoy m'auez reparty: à vostre gorge, marchand de
Paris.

LXIX.
Merde
à vostre
gorge,
Mar-
chand
de Pa-
ris.

Le Philosophe. Et quoy ne sçais tu
pas encore l'histoire du Duc de
Sauoye. C'estoit vn grand Prince,

chery des ſiens, & eſtimé des E-
ſtrangers, pour ſes rares vertus;
mais ſingulierement pour ſa grande valeur, au reſte homme de
mauuaiſe mine, laid, boſſu, & contrefait. Vn iour eſtant dans Paris
pour traitter quelque affaire d'im-
portance auec le Roy Henry le
Grand, ſa curioſité le porta à entrer dans vne boutique, ou ayant
marchandé quelque choſe qui luy
agreoit, il en offrit ſi peu que
le Marchand qui ne le connoiſ-
ſoit pas, & le prenoit pour le
moindre de ſa ſuite, tout depité
d'vn offre ſi deſraiſonnable, luy
reſpondit en gromelant entre ſes
dens : *Ouy dà ; De la merde*, &
replia ſa marchandiſe. Le Prince
qui auoit l'eſprit diuerty à quelque autre penſée, ne prit point
garde pour l'heure à cette réponſe
intiuile, & ſortit ſans luy répondre. Quelque temps apres, comme il retournoit en Sauoye, & ré-
uoit en chemin faiſant ſur ce qu'il

auoit veu , & ouy en tout son
voyage, la repartie du Marchand
luy vint auſſi en memoire (on dit
qu'il eſtoit sur la montagne de Ta-
rare, à sept ou huit lieuë de Lion)
à dans cette penſée , tournant
soudainement viſage du coſté de
Paris , il dit à haute voix , comme
s'il eut voulu répondre à son homme : *A voſtre gorge , marchand de
Paris.* Puis il raconta à ſes gens le
sujet de ſa boutade , & en rit auec
eux. Depuis ce temps-là , quand
on parle de merde, on replique ordinairement à l'imitation de ce
Prince , *A voſtre gorge , marchand
de Paris.*

✿✿✿✿✿✿✿✿✿✿✿✿
✿✿✿✿✿✿✿✿✿✿✿✿

CHAP. XXII.

*Moucher la chandelle , comme
le Diable moucha sa mere. Tant
va la cruche à l'eau qu'en fin
elle se casse.*

Le Manan. A VOSTRE gorge
donc, Marchand
de Paris ; mais voicy vne chandelle qui fait mauuais visage, c'est
qu'elle est morueuse, il faut que
ie la mouche. Ha gare les coû-
teaux : i'ay fait à la chandelle comme le Diable fit à sa mere, ie luy ay
arraché le nez.

Le Philosophe. Si tu estois au
pied du gibet, comme estoit celuy
duquel tu allegue l'histoire, ce que
tu dis seroit plus à propos : ne t'i-
magine pas que ce Monsieur le
Diable fut vn de ceux qui font

EXX,
Mou-
cher la
chan
de l·
·6me le
Diable
·mou-
cha sa
mere.

boüillir la chaudiere en enfer : c'é-
toit vn Demon incarné, vn mauuais garniment qu'on surnommoit le Diable, soit que de luy
mesme il eut pris ce nom pour se
rendre plus redoutable : soit que
d'autres l'eussent ainsi nómé pour
les maux qu'il faisoit, & parce
qu'il viuoit en Diable. Ce pendant
tomba vn iour entre les mains de
la Iustice, & conuaincu de plusieurs crimes il fut condamné à la
mort. Commé il estoit au pied de
la potence, prest à estre executé,
il luy prit enuie de faire vn tour
de son mestier auant que de mourir. Il pria la Iustice de luy faire
cette derniere grace, qu'il pût voir
sa mere encor vne fois auant que
de partir du monde. Cela luy fut
accordé, & la voyant, il la pria
d'approcher, afin qu'il luy pût
dóner le dernier baiser; mais comme elle eut joint sa face à la sien-
ne, ce fils dénaturé luy arracha le
nez auec les dens; puis luy ayant

craché au vifage, il luy dit en la
regardant de trauers, d'vn œil de
colere, Va t'en mefchante Mere,
feule cauſe de mon mal-heur, ton
indulgence m'a perdu, retire toy
d'icy : voila la recompenſe de ta
mauuaife nourriture. Voila ce
que le Diable fit à ſa mere, en fuite dequoy lorsqu'on a eſteint vne
chandelle, pour auoir rafé le lu-
minon trop bas en la voulant
moucher, on dit qu'on l'a mou-
chée comme le Diable moucha ſa
mere.

Le Manan. Apres cela ce Diable
fit vne cabriolé en l'air, & alla au
royaume des taupes en danſſant
vn branle de fortie. *Tant va la cru-*
che à l'eau qu'enfin elle ſe caſſe.

Le Philoſophe. C'eſt parler à propos, & cette comparaiſon ne ſçauroit mieux, ny plus proprement
& conuenablement eſtre rappor-
tée : car tout ainſi qu'vne cruche
de grais, dont on ſe ſert ordinairement pour puiſer de l'eau dans vne

Fontaine, y eſt ſi ſouuent portée & reportée, qu'enfin, ou par bruali- té, on par meſgarde, ou par quel- que autre accident venant à heur- ter contre les bords, ou aux pier- res de la fontaine, elle y demeure en pieces; de meſme l'homme s'ex- poſe ſi ſouuent au peril, ou par vne volonté peruerſe & addonnée au mal , qu'enfin il reçoit le ſalaire de ſa temerité , ou de ſes crimes, & paye tous les arrerages aux de- pens de ſon bien, de ſon honneur, ou de ſa vie. On peut auſſi appli- quer l'allegorie de la meſme ſimi- litude à ceux qui par generoſité ou par vertu, où pour quelque autre glorieux motif s'abandon- nent ſi ſouuent aux dangers, qu'a- pres en eſtre pluſieurs fois eſchap- pez, enfin ils ſuccombent honora- blement , & donnent leur ſang à la gloire d'vne mort genereuſe, & on peut dire de ceux cy, auſſi bien que des autres, que *Tant va la cruche à l'eau , qu'en fin elle ſe caſſe.*

l'eau qu'enfin elle ſe caſſe.

✿✿✿✿✿✿✿✿✿✿✿✿

CHAP. XXIII.

*Abattre vn chefne. Pour vn poire
Martin perdit fon Afne.*

Le Maman. DE grace, apprenez
moy, quel fut le
dernier crime qui fit bannir à per-
petuité ce grand Diable hors du
monde.

LXXII. *Le Philofophe.* Il fut condamné
Abattre à la mort pour auoir *Abatu vn*
vnchef- *chefne*, c'eft à dire pour auoir tué
ne. vn homme. Les Anciens Sages
Philofophans Chreftienement
ont enfeigné que l'homme eftoit
vn arbre renuerfé, qui a fes racines
au Ciel d'où fon Ame tire fa fource
d'vne vie immortele; & d'autant
qu'il eft creé pour l'eternité, & que
la durée de l'eftre de fon Ame participe de l'immortalité, les plus
fpeculatifs l'ont comparé au chef-

me, & luy en ont donné le nom ;
parce que d'entre tous les arbres
le chefne vit le plus longuement.
Pour cette raifon on dit qu'vn
homme a abatu vn chefne, quand
on veut dire en terme allegori-
que, qu'il a tué vn homme: & c'eft
pour cela mefme que ie t'ay dit,
que ce pendart diabolique a abatu
vn chefne : que fi tu voux fçauoir
la raifon qui l'efmut à commettre
ce meurtre, ce fut par ce qu'ayant
perdu vne belle partie en jouant à
la bette, à faute d'vn foul point,
vn des ioueurs luy dit en fouriant:
Pour vn point Martin perdit fon
Afne. Ce diable s'offenfant de cette parole, comme s'il l'eut appellé
Afne, tira vn couteau de fa poche,
& luy couppa la gorge. S'il eut entendu le fens de cette équiuoque, ou s'il en eut fceu l'origine,
fans doute qu'il eut mis de l'eau
dans fon vin, & eut moderé fa colere ; mais pour l'entendre, & la
fçauoir, il falloit auoir leu l'hiftoi-

re de l'Abé Martin , lequel au rapport de Cardan , auoit fait escrire en gros caracteres sur le portail de son Abbaye d'Azello cette diuise latine : *Porta patens esto, nulli claudaris honesto.* l'Ouurier qui auoit escrit le vers, par mesgarde ou par ignorance auoit transposé le point, & au lieu de le mettre deuant le mot *nulli*, il l'a- uoit mis aprés en cette sorte : *Porta patens esto nulli, claudaris hone- sto.* La transposition de ce point changoit le sens de la deuise, & luy donnoit vne intelligence con- traire : car le point estant marqué en son lieu, &le vers entendu se- lon l'intention de l'Abbé, signi- fioit: *Portail sois ouuert à tous, ne sois fermé à aucun honneste homme;* mais si le point est posé aprés le mot *nulli*, comme cy-dessus, il a vn sens contraire, & signifie: *Por- tail ne sois ouuert à aucun, & sois fermé à tout honneste homme.* Le Pa- pe passant vn iour par là, & lisant

cette

cette deuife ainfi mal ponctuée,
taxa l'Abbé du lieu d'inciuilité, de
des-honnefteté, & d'impieté. Il
le demit de fa dignité, comme in-
ciuile & impie, & pourueut vn autre de fon Abbaye, lequel auffi toft
qu'il fut inftalé, fit tranfpofer le
point qui auoit fait donner de la
caffe à fon deuancier, apres le mot
efto, en cette forte: *Porta patens efto.*
Nulli claudaris honnefto.

En memoire de quoy quelqu'vn
ajoufta depuis ce fecond vers au
precedent.

Pro folo punéto caruit Martinus.
C'eft à dire que *Pour vn feul point*
Martin perdit fon Afne, il faut remarquer pour bien entendre l'ety-
mologie du Prouerbe, que le mot
Italien *Afello*, qui eft le nó de l'Abbaye de Martin, fignifie vn Afne
en langue Françoife; & ainfi quád
on dit que *Pour vn point Martin*
perdit fon Afne, c'eft à dire qu'il
perdit fon Abbaye d'*Afello*; mais
defuis on a approprié cela à tous

F

tes les rencontres, où l'on pert
pour vn point. Et vn Autheur re-
cent l'appliquant au point du vain
honneur pour lequel les Gentils hommes prodiguent fi imprudemment le falut de leur Ame
auecque leur fang & leur vie, a dit
auffi fagement qu'elegamment.
*Si pour vn petit point Martin perdit
    fon Afne :*
*Pour vn plus petit point, le Noble pere
    fon Ame.*

CHAP. XXVI.

*Monfieur le Diable. Boire à tire-
larigot. Iouer de la flute de l'Alleman. Veftu de fer comme vn
Iacquemar. Enfans de Turlupin, mal-heureux de Nature.*

Le Manan. LAiffez Martin
courir aprés
fon Afne, & me dites s'il vous

plaiſt , pourquoy en racontant
l'Hiſtoire de ce Diable qui fut pen-
du, vous l'auez appellé Monſieur?
pourquoy parliez vous auec tant
de ciuilité de celuy duquel la memoire nous doit eſtre en horreur?

Le Philoſophe. Ie l'ay dit par
raillerie, & comme le vulgaire le
dit, depuis qu'vn ſoldat Eſpagnol,
qui n'eſtoit pas des plus raffinez,
eſtant aux derniers abois prioit
Dieu qu'il le garentit des mains
Monſieur le Diable. Et comme on
luy eut demandé , pourquoy il
parloit auec tant de reſpect d'vne
creature ſi abominable , & odieu-
ſe à toute la nature; il reſpondit
qu'il falloit honnorer tout le monde, & parler auec reſpect de toutes ſortes de perſonnes; parce qu'-
on ne ſçauoit pas à qui on pouuoit
auoir à faire , ny entre les mains de
qui on pouuoit tomber.

Le Manan. Ce pauure drille
auoit raiſon, & là deſſus ie boy à
vous: acquitons nous de nos pro-

LXXIV.
Mon-
ſieur le
Dia-
ble.

F ij

meſſes , & beuuons à tire larigot.

Le Philoſophe. Ie vois bien que

tu n'entens pas le terme de Tire-
larigot. Le larigot eſt vne perite
flute d'yuoire, ſemblable au ſifflet
d'vn Enfant, qui rend vn ton fort
haut; & par ce que ceux qui en jou-
ent, ſoufflent de toute leur force,
& tire à perte d'haléne, pour luy
donner vn ton plus eſleué, quand
nous beuuons à grands & à longs
traits, & que nous louons le cou-
de & hauſſons le menton auecque
le verre, comme ceux qui flutent
auec vn larigot, pour boire iuques
à la derniere goûte, nous appel-
lons cela: *Boire à Tire-larigot.* On
peut auſſi rapporter ce terme au
debordement des Gots. Quand
leurs armées rauageoient les plus
riches païs de l'Europe, ils ſe muti-
nerent vn iour contre leur chef A-
laric, & non contans du parricide
qu'ils commirent en ſa perſonne,
ils mirent ſa teſte au bout d'vne pique, & l'ayât plantée au milieu de

leur camp : entre diuers oppobres
qu'ils luy firent ils beuuoient par
derifion à fa fanté en proferant ces
mots TI ALARIC GOT.
Le ieu leur plaifoit & le conti-
nuerent affez longuement, beu-
uans fouuent & à longs traits. Depuis ce temps là quand on parle
de boire auec excez, on dit boire (mais le mot eft vn peu corrom-
pu par ignorance) *a tiré Larigot*,
au lieu de dire *Ati Alaric Got*, ou
en Ati Alaric Got, c'eft à dire à la
mode que les Gots beuuoient a-
lors & en cette desbauche là. On
appelle auffi cela mefme : *Iouer de
la flute de l'Alleman*, par comparaifon à ces verres longs & eftroits,
dont les Allemans fe feruent dans
les excez de leurs defbauches pour
boire des fantés, lefquels ils nomment flutes.

Le Manan. Ie vis dernierement
vn Gendarme de cette garnifon,
qui joüoit parfaitement bien d'vn
petit Larigot ; mais ie ne le fçeut

LXXVI.
Iouer
de la
flute de
l'Alle-
man.

connoitre ; parceque son moriom
m'empescha de le voir plénement
au visage, & quant au reste du
corps, il estoit de pied en cap tout
vestu de fer comme vn Iaque-mar.

Le Philosophe. Pourquoy dis-tu
comme vn Iaque-mar : Est-ce par
comparaison à ces statuës de fer
qu'on plante sur les horloges auec
vn marteau à la main, pour frapper les heures sur la cloche, lesquels on appelle Iaquemar, du
nom de l'Ouurier qui en a donné
la premiere inuention, qui s'appelloit Iaque-Marc. Mais ie croirois plustost que l'Etimologie de
ce nom où l'origine vient de Ia-
que mar de Bourbon, Seigneur
de Preaux, troisiéme fils de Iaques
de Bourbon, Côte de Ponthieu, &
de la Marche, Conestable de France sous le regne du Roy Iean. Ce
Prince se trouua en toutes les oc-
casions, quis'offrirét de son temps,
sous les Roys Charles cinquiéme
& sixiéme, tant es guerres contre

LXXVII.
Vestu
de fer
comme
vn Ia-
que-
mar.

les Anglois & Flamens que contre
les Bourguignons, quoy qu'il fut
grandement genereux, on ne le vit
iamais faire le fanfaron; & en tous
les combats, deffenses, & sieges
de places, où il se rencontra, il
s'arma tousiours à l'auantage, sçachant bien que les armes n'estoiét
faites que pour cela : mais il fut
plus particulierement remarqué
aux ioutes, & tournois, qui se firent dans Paris l'an mille trois
cents huittante-neuf aux réjouïf-
sances publiques du mariage du
Roy Charles sixiéme, auec la Rei-
ne Isabeau de Bauieres, ou ce Prince Iaque-mar de Bourbon parut
armé auantageusement, & donna
des preuues signalées de sa force,
& de son addresse.

Le Manan. Sans doute le vaillant Prince Iaque-mar auoit été
blessé en quelque rencontre ; puis
qu'il auoit tant de soin de s'armer.

Le Philosophe. Les histoires parlent de luy comme d'vn Seigneur

vaillant, & qui n'épargna iamais
ny sa personne, ny sa vie, & neantmoins on ne lit pas qu'il ayt esté
blessé, peut-estre à cause du soin
qu'il auoit de s'armer.

Le Manan. Il estoit donc plus
heureux que moy : car ie crois que
quand ie serois tout reuestu d'enclumes, si i'allois à la guerre, le
premier coup qui seroit tiré ou
rué, pentreroit mes armes, & me
transperseroit les tripes : car *Ie
suis des Enfans de Turlupin, mal-
heureux de nature.*

Le Philosophe. Tu est donc sorty
de la race de ces Turlupins, qui furent condamnez & proscripts eux
& toute leur posterité, sous le Regne du Roy Charle cinquiesme :
car depuis ce temps là on a dit
que ceux qui estoient sujets à auoir
du malheur, estoient *des Enfans de
Turlupin malheureux de nature*,
c'est à dire infortunez par le mal-
heur de leur naissance.

xxxviij
Enfans
de Tur-
lupin,
mal-
heu-
reux
de na-
ture.

CHAP. XXV.

Chat eschaudé craint l'eau froide.
Brigans. A la coustume de Lo-
ry le battu paye l'amende.

Le Manan. J'Ay eu tant d'in-
fortunes que
j'ay sujet de me croire naturellement mal-heureux : car comme
vous sçauez fort bien (toutes-fois
non pas mieux que moy) *Chat es-*
chaudé craint l'eau froide.

Le Philosophe. Pourquoy ne
dis tu pas plustot que *Chien eschau-*
dé craint l'eau froide ? car la fable
dit qu'vn certain Chien (il ne dit
pas vn Chat) qui n'osoit point sor-
tir en temps de pluye, enquis d'vn
sien camarade de mesme espece
que luy du sujet de sa crainte, res-
pondit qu'vn iour allant par les

LXXIX.
Chat
eschau-
dé cri-
ant
l'eau
chaude

F v.

ruës,il lui eſtoit tombé de l'eau ſur
le corps,qui l'auoit brulé &pelé ſõ
poil(c'eſtoit de l'eau chaude qu'on
auoit jetté ſur lui par vne feneſtre)
& que deſpuis ce temps là , il auoit
touſiours apprehendé la pluye.
L'autheur de cette fable n'eſtoit
pas, comme on pourroit juger, vn
eſprit oiſif & reſueur,mais vn iudicieux & ſage Philoſophe, qui ſous
la rude eſcorce d'vn diſcours fabu-
leux receloit l'agreable mouëlle
d'vne importante verité, enſei-
gnant que celuy qui a paſſé par les
mains d'vn mechant homme , apprehende par aprés l'abord des
gens de bien,& craint meſme ceux
qui n'ont point de mauuaiſe volonté pour luy : *Timet innocentem,*
qui nocentem pertulit.

Le *Manan*. Il eſt vray, & ie
le ſçay par experience : car pour e-
ſtre vne fois tombé entre les mains
des Brigans, qui me volerent, &
me firent cent mille outrages dans
la foreſt d'Orleans, ie ne paſſe ia-

mais par là que ie ne tremble de frayeur.

Le Philosophe. Ces Brigans, qui te traitterent si mal, n'estoient-ils pas de la bande que la ville de Paris arma, & soldoyoit à la sollicitation de Charles Dauphin de France, durant la detention du Roy Iean son Pere, prisonnier en Angleterre, l'an mille trois cents cinquante six.

Le Manan. Ils portoient bien mesme nom; mais ce n'estoient pas les mesmes visages. Ie ne sçay pas s'ils estoient de mesme profession.

Le Philosophe. Ceux là estoient soldats à pied nommez Brigans, parce qu'ils estoient armez de brigandines, armes pour lors fort vsitées; & d'autant que ces troupes se licencioient à toutes sortes de debordemens, pillans, volans, & faisans mille rauages par tout où elles passoient, le bruit de leur vcrie fut tellement espandu, que le

F vj

commun Peuple croyoit que tous
ceux qui faisoient profeßion de
piller & voler, & mesme les voleurs, qui voloient dans les forests,
& sur les grands chemins, estoient
de ces troupes-là, & les nomma
Brigans, nom qui est demeuré
jusqu'à present.

Toutes fois ie croirois plustost
que ce nom est plus ancien, & qu'il
vient de certains Peuples d'Allemagne, nommez anciennement
Brigantins, ou Brigans, qui habi-
toient sur les riues du lac de Con-
stance, & voloient publiquement & impunémet tout ce qu'ils
rencontroient, sans difference
d'Amis, ou d'Ennemis. Mais, dis-
moy, ne fis tu point faire d'en-
queste contre ces gens-là?

Le Manan. Non, ie me con-
tente d'auoir esté destroußé, battu
& outragé, sans me ruiner encore
en frais inutiles, par vne fascheuse
recherche, qui ne me feroit pas re-
stituer ce que i'ay perdu, & ne

m'ofteroit pas les coups que i'ay
reçeu. Et puis quand ie les aurois
reconnus, & fait mettre en iuftice,
n'ayant aucuns tefmoins pour auerer ma depofition , & les conuain-
cre du crime dont ie les aurois iu-
ftement accufé, on me condamne-
roit moy-mefme à la peine du ta-
lion, pour verifier en moy ce qu'on
dit ordinairement, que *A la cou-*
tume de Lory le battu paye l'amande.

Le Philofophe. Ie connois que
tu n'entens pas bien la loy, Lory eft
vne petite Ville de la Prouince de
Gaftinois diftante de Paris d'enuiron vingt lieuës, dont les loix cou-
ftumieres font fort anciennes, &
receuës en plufieurs endroits de la
France. Celle que tu allegue en eft
vne, & eft faite contre ceux qui
battent quelqu'vn & l'outragent
de coups ; aufquels la loy s'ad-
dreffe en leur difant ces mefmes
paroles par lefquelles elle leur or-
donne de payer l'amende : *Le bat-*
tu paye l'amende.

LXXXI.
A la
coutu-
me de
de Lori
le bat-
tu paye
l'amen-
de.

❧❧❧❧❧❧❧❧❧❧❧❧

CHAP. XXVI.

Bourguignons ſalez. Chiffres du Duc de Lorraine. Sauoyard Croque-raue. Montargis Bon-baſton.

Le Manan. COmme i'eſtois en leurs mains, j'en remarquay quatre que leurs Camarades nommoient l'vn Bour-guignon, l'autre Lorrain, le troi-ſiéme Sauoyard, & le quatrieſme Bon-baſton, d'où ie coniecturay que le premier étoit de vôtre païs, Bourguignon ſalé comme vous: que le ſecond eſtoit de ces groſſes Coüilles de Lorraine, comme moy: le troiſiéme Sauoyard Cro-que raue, comme luy: & le der-nier je ne ſçay d'où.

Le Philoſophe. Tu ne ſçais pas pourquoy on nous donne ces ſou-

briquets, ou ridicules épithetes.
Quant à nous autres Bourguignons, on nous qualifie falez, non
pas comme plufieurs eftiment,
parce que nous aymons plus que
les autres à manger nos viandes
falées, ny parce-que les viandes
falées font plus communes parmy
nous que parmy les autres nations: ny auffi parce-que dans la
Franche Comté de Bourgogne il y
a des falines : car pour les mefmes
raifons plufieurs autres deuroient
auoir le mefme nom. On nous
qualifie Bourguignons falez, depuis que les habitans d'Aigues-
mortes fecoüerent le ioug de la
domination du Duc de Bourgogne. Iean de Chalons Prince d'O-
range s'eftoit faifi de cette placé
au nom de Philippe le Bon Duc
de Bourgogne, durant la confufion des affaires du Roy Charles
feptiefme, & y auoit mis en garnifon quelques Compagnies de
Bourguignons, pour la feureté de

LXXXII. Bourguignons falez.

la Ville. Les Bourgeois qui ne
souffroient ce ioug qu'auec impatience, par le conseil & addresse
du Baron de Vauuerbe, se rue-
rent vn iour sur la garnison, &
tuerent tous les Bourguignons;
puis ietterent leurs corps dans yne
grande cuue de pierre, qu'on y
montre encor à present, pour les
conseruer plus long-temps, comme vn glorieux trophée de leur
fidelité enuers leur Roy legitime.
Cela arriua l'an mil quatre cens
vingt-deux. Depuis ce temps-là,
& à cause de cela on nous a tousiours qualifié *Bourguignons salez.*

Lxxxiii
chiffres
du Duc
de Lor-
raine.
Quand aux Lorrains, le rencontre de leur denomination est
plaisant, car il ne se faut pas fi-
gurer qu'ils soient nommez *G.
C. D. Lorraine,* parce-qu'ils sont
naturellement mieux membrez
que les autres hommes. Les chiffres de Charles Duc de Lorraine,
qui voltigeoient dans les estandars
& dans les drapeaux de ses trou-

pes, durant les mouuemens de
cette grande Ligue, qui a réfpan-
du le plus pur & le plus noble fang
de la France, ont donné commencement à ce foubriquet. Ces chiffres eftoient compofez des lettres
capitales de fon nom entrelacées
en chiffres, en cette forte DC,
c'étoit à dire Charles de Lorraine.
Certains efprits s'efgayans à phi-
lofopher fur la fignification de
ces caractères, rencontrerent C.
D. L. de Lorraine; & parce que
ces chiffres eftoient marquez en
gros caractères, on aioutoit à la
glofe, & on difoit *De Lorraine*,
& les foldats des autres troupes
qualifioient ainfi les Lorrains par
pique, ou par raillerie. Pour les
Sauoyards ils font nommez *Cro-*
ques-raues, c'eft à dire mangeurs
de naueaux (car raue en leur patoy
fignifie naueau) tant parce-que
les champs produifent en Sauoye
des naueaux d'vn tres-excellent
gout, d'vne groffeur exceffiue,

LXXXIV
Sauoïard:
Croque-
raue.

que les Sauoyards en font extre=
mement frians,& les preferent en
leurs repas aux deliçes des viandes
les plus exquifes , d'ou eft venu
le Prouerbe Latin, fi rebattu parmy les Efcoliers.

Vt comedant rapas furgunt de noete
Sabaudi.
Les Sauoyards fe releuent la nuit
pour manger des naueaux.

Et quand aux Bons-bafton, ce

LXXXV.
Mötar-
gis,bon
bafton.

font les manans de Montargis, &
ce Voleur que tu as oüy nommer
Bon-bafton eftoit indubitable-
ment natif de la ville de Montargis. Or on dit ordinairement :
Montargis bon bafton , à caufe d'v-
ne grande foreft , qui eft dans le
voifinage de cette ville-là, d'où
l'on tire vne tres grande quantité
de beau bois, tant pour la char-
penterie & menuiferie, que pour
l'vfage ordinaire & commodité
des familles.

CHAP. XXVII.

Enfin les Renards se trouuent chez
les Peletiers. Il faut coudre la
peau du Renard à celle du Lion.
Le Renard cache sa queuë. Le
Renard est pris , laschez vos
Poules. Tant gratte Cheure
que mal-git.

Le Manan. REuenons à
vos compa-
triotes : on dit bien vray que _En_-
fin les Renards se trouuent chez les
Peletiers.

Le Philosophe. Veux tu donc
dire que les Bourguignons auoiét
merité vn tel traitement ? Il est
vray qu'ils se deffendent, quand
on les attaque , & qu'ils ont la teste assez bonne pour ne pas souf-
rir vne iniure; mais aussi ils ne font

LXXXVj
Enfin
les Re-
nards
se trou-
uent
chez
les Pe-
letiers.

tort à Perſonne : il ſemble pourtant que tu veux dire le contraire:
car dire *qu'enfin les Renards ſe trou-*
uent chez les Peletiers, c'eſt ſignifier en termes couuerts, que ceux
qui outragét iniuſtemét les autres
reçoiuent enfin le ſalaire de leur
iniuſtice ; dé meſme que les Renards quoy que tres-cauteleux &
malins, ſont enfin attrappez, eſ-
corchez & leurs peaux portées &
venduës és boutiques des Peletiers.

Le Manan. Ne ſe pouuoit'on
pas deffaire de ces pauures gens là
ſans vſer d'vne ſi grande cruauté ?

Le Philoſophe. Il faut coudre la
peau du Renard à celle du Lion, c'eſt
à dire, que quand on ne peut pas
venir about de ſes deſſeins ouuertement & par la force, on taſche
d'y paruenir par des conſeils ſecrets, ou par des tours de ſoup-
pleſſe. Ce qu'Vliſſe au rapport
d'Homere pratiquoit fort adroitement.

Le Manan. Ie veux pourtant croire que les habitans d'Aigues-mortes ne sont venus à vne telle extrémité, qu'apres auoir essayé toutautre moyen de secoüer le joust de cette fascheuse garnison.

Le Philosophe. Le Renard cache sa queuë. On dit cela d'vn Cauteleux, qui contrefait le simple, pour cacher ses finesses, & couurir ses malices, & on le peut bien dire des Bourgois d'Aigues mortes: car ils n'ont pas dit *gare* deuant que faire leur coup, de peur d'estre preuenus.

88.
Le Renard cache sa queuë.

Le Manan. Ils pouuojent bien dire apres l'execution, *le Renard est pris, laschez vos poules.*

Le Philosophe. Il est vray qu'on vse ordinairement de cette façon de parler, quand celuy qu'on redoutoit est attrappé; mais il est bien mieux appliqué quand on se veut gausser de celuy qui ayant poursuiuy, & attrappé plusieurs

89.
Le Renard est pris, lachez vos poules.

femmes ou filles, est pris, & abusé par vne qu'il pensoit attrapper,
& abuser comme les autres.

Le Manan. Tant gratte Chevre que mal git.

Le Philosophe. Cela n'est pas mal
à propos : car lors que quelqu'vn
s'abbandonne à des crimes qui le
mennent finalement à sa confu-
sion, ou le font tomber en igno-
minie, ou le conduisent au suppli-
ce, on dit d'vn tel personnage, que
Tant grate Chevre que mal git. Cette façon de parler tire son origine
du vieil conte qu'on fait d'vne
chevre, laquelle en grattant la
terre decouurit vn cousteau, duquel elle fut égorgée, pour estre
offerte en sacrifice.

90.
Tant
grate
chevre
que mal
git.

CHAP. XXVIII.

Faire Algarade. Il est pris comme le More. L'Homme de guerre doit auoir assaut de leurier, fuite de loup, & deffence de sanglier.

Le Manan. LE Duc de Bourgogne, *ne leur a t'il point fait d'Algarade,* pour se venger d'vn tel affront?

Le Philosophe. Tu vse assez bien à propos du terme d'Algarade : car *faire vne Algarade,* c'est faire vne course, ou inuasion soudaine, & inesperée sur quelqu'vn, ou sur quelque liou. Ce terme est emprunté d'Alger, qui est vne Ville maritime d'Affrique, laquelle fait souuent des Algarades, c'est à dire des inuasions subites,

XCI.
Faire
vne Al-
garade.

& pillages inesperez dans le de-
ftroit de Gilbartar, & fur toutes
les coftes d'Efpagne. Tu demande donc fi le Duc de Bourgogne,
touché d'vn iufte reffentiment,
n'a point fait d'entrepsife, ou d'in-
uafion fur les habitans d'Aigues
mortes, qu'eut il fait à vn Peuple
qui auoit toufiours l'œil au guet
auquel fon attentat feruoit de ré-
ueille matin, & qui fe tenoit fur
fes gardes?

 Le Manan. Il falut donc que
ce bon Duc auala doucement vne
telle pilule, & qu'il but cette confufion, fe trouuant *pris comme le
More.*

 Le Philofophe. Il le falut par
force; bien qu'il ne fut pas Fran-
cifque Sforce, Duc de Milan. Ce
Duc qu'on furnommoit le More,
parce qu'il auoit le teint bafané,
eftoit en fon temps vn des plus
cauteleux & rufé Prince de la
terre. Apres auoir attrappé &
trompé prefque tous ceux qui
     auoient

XCII.
Il eft
pris cô-
me le
More.

auoient eu affaire auecque luy, fut
enfin luy-mefme attrappé : car la
Ville de Millan ayant efté contrainte par les armes du grand Roi
François de fe rendre au Victorieux, le Duc fe defguifa en Suif-
fe, pour efchapper en habit emprunté quand la garnifon forti-
roit, mais il fut defcouuert par les
Suiffes mefmes, pris dans les rangs,
où il marchoit comme fimple Sol-
dat, & liuré entre les mains du
Roy, qui le fit emmener en France, & confiner dans le Chafteau
de Loches, où il demeura prifon-
nier l'efpace de plufieurs années,
feruant de rifée à tout le monde,
luy qui s'eftoit moqué de tout le
monde. C'eft ce qui a donné commencement au Prouerbe que tu
as allegué : car depuis ce temps-
là quand quelque fin Matois eft
pris à l'improuifte, on dit qu'*Il eft
pris comme le More.*

Le *Manan.* Apparemment ce
Duc n'eftoit pas grand homme de

G

guerre : car comme dit l'autre, il
ne fçeut pas *faire vne retraitte de
loup.*

XCIII.
L'hom-
me de
guerre
doit a-
uoir
affaut
de le-
urier,
fuitte
de loup
& def-
fenfe de
fan-
glier.

Le Philofophe. Que tu es Idiot.
Tu jafe comme vne Pie, & ne fçais
ce que tu veux dire. On dit que
*l'homme de guerre doit auoir affaut
de Lievre, fuite de Loup, & def-
fenfe de Sanglier;* parce qu'il doit
affaillir auffi hardiment & genereufement que fait vn bon levrier,
qui attaque tout ce qu'on luy
montre. S'il eft contraint de fe
retirer, il doit prendre garde à ne
fe point mettre hors d'halene, à l'i-
mitation du loup, qui eftant pour-
fuiuy des chiens, s'entretient le
plus qu'il peut, gardant fa force,
& fon halene, pour durer plus
long-temps, & fe rafraifchiffant
autant & fi fouuent que le temps
& l'occafion le permettent. Et
s'il eft tellement preffé de combattre, qu'il ne puiffe pas euader, il
faut qu'il cherche vn lieu auanta-
geux, & fauorable à fa foibleffe,

& qu'il s'accule contre Vne maifon, ou qu'il fe mette à couuert
d'vne haye, d'vn foſſé, ou de quelque maſure, pour foûtenir à la faueur de ces aydes, que la nature
& la neceſſité lui offrent, les aſſauts
& les efforts de fes Ennemis. Alexandre le Grand le prattiqua ainſi
en l'aſſaut de la ville des Malliens,
où il s'eſtoit trop hardiment, ou
pluſtoſt temerairement engagé
tout feul, au milieu de fes Ennemis. C'eſt ainſi que fait le Sanglier,
quand il fe voit preſſé des chiens
& des chaſſeurs, il s'accule contre
quelque buiſſon, & prefentant fes
deffenfes, il meurtrit, & defchire
tout ce qui l'ofe approcher.

CHAP. XXIX.

*D'vn Bruthier on n'en ſçauroit
iamais faire vn Eſpreuier, Porter la Marotte. Le Renard
preſche aux poules. Vos fieures
quartaines. Auoir vn coup de
Giblet. Patratra, Monſieur de
Neuers.*

Le Maman. IL faiſoit beau
voit DON Frã-
ciſque porter la Marotte à la Suiſſe,
& Preſcher aux Poules comme le renard, dans le chaſteau de Loches.
Le Philoſophe. On dit bien vray
que d'vn Bruthier on ne ſçauroit iamais faire vn Eſpreuier : C'eſt à dire, qu'on ne ſçauroit rendre honneſte homme celuy qui eſt naturellement ſot & butor ; ne plus ne
moins qu'on ne ſçauroit iamais
faire vn Bruthier ni au poing ni au

XCIV.
D'vn
Bru
thier.
ou n'en
ſçau
roit ia-
mais

leurre. Le Bruthier eſt vn oiſeau de faire
proye viuant aux champs de toute vn Eſ-
ſorte de vermine, lequel on ne preuier
ſçauroit dreſſer : d'ou vient le ſuſ-
dit Prouerbe, que ta ſotiſe m'oblige à t'approprier : car Don Franciſque n'eſtoit pas aſſez fol pour
porter la Marotte; encore qu'il X C V.
eut pris vne toque de Suiſſe pour Porter
ſe déguiſer : Elle te viendroit bien la ma-
mieux qu'à luy : car la Marotte eſt rotte.
le ſceptre ou baſton que les ſoü-
eurs de farſe, ou harlequins ont ordinairement en la main, & quand
on parle de faire porter la Marotte
à quelqu'vn, c'eſt le faire paſſer
pour vn badin, ou pour vn niais.
C'eſt pour cela que ie dis que la
marotte te ſieroit bien mieux qu'à
Don Franciſque Sforce.

Le Philoſophe. Qu'il te ſeroit XCVI.
beau voir la marotte à la main Le Re-
preſcher aux poulles comme le nard
Renard : toutesfois tu n'es pas aſ- preſ-
ſez fin pour faire dire de toy que che
le Renard preſche aux poules: car vn poules.

ne dit cela que qu'ãd vn signalé pi-
peur ou imposteur deniaise quelques lourdeaux, ou nigaux, &
gens peu subtils, & de petit sens.

XCVII   *Le Manan.* Vos fievres quar-
Vos taines, Monsieur le docteur, vous
fievres me prenez donc pour vn fol.
quar-
taines.   *Le Philosophe.* Ie te prens pour
ce que tu es, & ie vois bien aussi
que tu me prens pour ce que ie
suis, c'est à dire pour vray François, quand tu me desire les fié-
vresquartaines:C'est vne impreca-
tion qui est particuliere, &ordinai-
re à nostre nation, dont nos Anciens ont vsé auec quelque raison:
car l'esprit du François estant
prompt & boüillant, lequel en ses
infirmitez ayme mieux vne prompte mort, qu'vne vie languissante,
& veut ou promptement guerir,
ou estre bien tost depesché, celuy
est vne chose insupportable que
de languir si long-temps en la
souffrance des langueurs de la fievre quarte.

Le Manan. O la belle desfaitte,
ie meure , mon Philofophe, fi
vous n'auez vn coup de giblet.

Le Philofophe. Crois·tu donc
que i'ay la tefte perfée, & la cerue-
le euentée, legere, & mal raffife?
Auoir vn coup de giblet, que crois tu
que cela fignifie? car vn giblet eft
vn inftrument, duquel on fe fert
pour perfer quelque chofe , lequel on nomme autrement vn fo-
ret, les Toneliers, Gormets , &
Marchands de vin s'en feruent ordinairement pour donner air à
leurs tonneaux.

Le Manan. *Patratra Monfieur
de Neuers,* vous en fçauez bien
d'autres. Et puis prenez vous à
ces Philofophes., on ne leur fçauroit monftrer vn trou, qu'ils n'y
trouuent vne cheuille.

Le Philofophe. A quel propos
t'ecrie·tu , *Patratra Monfieur de
Neuers?* tu ne m'as pas veu trefbu-
cher, tu fais toufiours des coqs-à
l'afne, c'eft vn fobriquet affez com-

xcviii.
Auoir
vn
coup
de gi-
ble

xcix.
Patra-
tra
Mon-
fieur

G iiij

mun en France duquel toutesfois
peu ſçauent l'origine qui eſt cauſe
que la pluſpart du monde s'en ſert
hors de propos, & ſans propos
par maniere d'exclamation. Ie te
veux raconter l'Hiſtoire d'où il a
tiré ſon commencemét. Au temps
que la France ſe rauagoit, & rui-
noit elle meſme de ſes armes durant les mouuemens de la Ligue
ſous le regne du Roy Henry troi-
ſiéme, François de Gonſaque
de Cleues Duc de Neuers, courant là poſte de Paris à ſa Ville de
Neuers, & trauerſant la Ville de
Pouli, qui eſt vne petite Ville ſituée ſur le bord de la riuiere de
Loyre ſur le grand chemin de Paris, le cheual ſur lequel il eſtoit
monté broncha en courant ſur le
paué au milieu de la Ville, & fit
par meſme moyen donner du nez
en terre à Monſieur le Duc: quelqu'vn le voyant trebucher ne ſe
peût tenir de rire, & s'eſcria tout
haut, Patratra Monſieur de Ne-

uers. La tradition dit que ce fut
vne bonne vieille. Il n'importe
qui ce fut ; mais le propos fut bien
recueilly, & ne demeura pas à terre, non plus que le Duc de Neuers. Il est passé en Prouerbe ; de
sorte que quand on void tomber
quelqu'vn, on dit ordinairement,
Batratra Monsieur de Neuers, &
ceux qui ne sçauent pas l'histoire,
vsent du mesme terme à tout propos par forme d'exclamation.

CHAP. XXX.

Boire comme vn Templier. Ia-
mais pains à deux couteaux ne
furent ny bons ny beaux. Ia-
mais Poisson à deux mains, ne
pleut au gout des humains. Ia-
mais vin à deux oreilles, ne
nous fit dire merueilles. De
trois choses Dieu nous garde, de
bœuf salé sans moutarde, d'vn
Valet qui se regarde, d'vne fem-
me qui se farde. Temps pomelé,
femme fardée, ne sont pas de
longue durée. Qui sont ceux ou
celles qui ne se couchent iamais
auecque leur visage.

Le Manan. CE n'estoit pas d'a-
uoir trop beu
que son cheual broncha, & que ce

Prince tresbucha, & si quelqu'vn
de nous tresbuche apres estre sorty de la table, ce ne sera pas de
trop boire. Auons nous fait geler
les vignes; pourquoy ne beuuons
nous pas: nous ne sommes pas
gens de parole : car nous auions
resolu de boire comme des Templiers, & neantmoins nous faisons
vn repas de brebis. Faute de boire
les poules gagnent la pepie. Beu-
nons pour nous en garentir.

Le Philosophe. Ie veux bien boire quand i'ay soif, & quand la ne-
cessité le requiert; mais ie hay les
excez, & n'ayme pas à imiter ces
Cheualiers du Temple, lesquels
estoient si abandonnez aux débau-
ches, & beuuoient auecque tant
d'intemperance qu'ils ont seruy
à tous les yurognes du monde,
desquels on exprime l'excez, en
disant par comparaison *qu'ils boi-
uent comme des Templiers.* Si ces
Archibeuueurs du Temple ont acquis entre leurs pareils quelques

C.
Boire
com-
me va
Tem-
plier.

G vj

vaines corones de pampre, *Ils ont*
auffi attiré fur eux, fuiuant le temoi-
gnage de Sainct Auguftin., *la co-*
lere de Dieu, le defdain des Anges,.
la moquerie des hommes, la confu-
fion des Demons, & le mefpris de
tous, & apres auoir par leur yuro-
gnerie confondu la nature, banny la
grace, & perdu la gloire celefte, ils
ont acquis vne damnation eternele.
Ils ont attiré fur eux la malediction d'Ifaïe, ou pluftot de Dieu
mefme par fon organe, quand il dit
Mal-heur fur ceux qui font robuftes
à boire le vin,& vaillans à aualer la
bierre. Iurogne, qui que tu fois,
fouffre que ie m'adreffe à toy, &
que ie te face cette briefue mais
paterique remonftrance :

> *Encore que tu fois difpos,*
> *Si tu veux boire fans repos,*
> *Prens garde qu'vne maladie*
> *Ne vienne à toy & ne te die.*
> *En te prenant à l'impourueu :*
> *Meurs yurogne, tu as trop beu.*

Le Manant. Ie ne fuis pas do

la feſte, & pourtant ie ne laiſſe pas
d'auoir part au ſermon. Or donc
puis que vous eſtes ſi reformé ne
beuuez qu'à voſtre ſoif, comme les
Aſnes. Que dites vous de ce vin là
& de toute noſtre beau feſtin ? on
dit ordinairement que

  Iamais pains à deux couteaux
  Ne furent ny bons ny beaux.
  Iamais poiſſon à deux mains
  Ne fut au gout des humains.
  Iamais vin à deux oreilles
  Ne nous ſi dire merueilles.

  Le Philoſophe. Ie ne vois rien en
ce repas de tout ce que tu dis.
On appelle vn pain *à deux cou-*
teaux, celuy qui eſtant trop humi-
de & mal eſſuyé, laiſſe le couteau
paſteux apres qu'on l'a coupé : tel
pain que cela eſt peſant ſur l'eſtomac, de difficile digeſtion, & mal
ſain : celuy que tu nous a dóné n'a
aucune de ces mauuaiſes qualitez.
  Quand au poiſſon, nous hayſ-
ſons ordinairement celuy auquel
il faut touſiours auoir les deux

CII.
Iamais
pains à
deux cou-
teaux
ne fu-
rent ny
bons
ny
beaux

mains empeſchées à tirer les arreſtes, tant pour l'incommodité qu'il y a, & le temps qu'il faut perdre à l'eplucher, que pour le danger d'aualer quelque arreſte qui trauerſant l'artere, nous produiroit quelque faſcheux accident.

CIII.
Iamais pains à deux couteaux ne furent ny bons ny beaux

Pour le vin, ſi tu y a pris garde ie luy ay donné mon approbation dés le premier coup que i'ay beu en penchant tant ſoit peu la teſte du coſté de l'oreille droite: car ce ſigne valoit l'argent, & ſignifioit qu'il eſtoit à mon gouſt, & vin à vne oreille. Si apres auoir beu i'auois branlé les deux oreilles, & tourné & remué la teſte à droit & à gauche, j'aurois montré par ce ſigne dedaigneux que le vin ne m'agreoit pas, & que par conſequent il n'eſtoit *guere* bon: car le vin qui nous oblige à ce double contournement de teſte, eſt nommé à deux oreilles.

CIII.
Iamais vin à deux oreilles, ne nous ſx dire merueilles.

Quand à cette piece de bœuf ſalée à ce qu'on peut iuger de deux

ou trois iours seulement, si elle a-
uoit contracté dans le sel quelque
dureté & pesanteur qui la rendit
moins amie de la nature qu'elle
n'est d'elle mesme, la moutarde
modereroit son intemperie, & la
rendroit par sa chaleur naturelle
plus amye de l'estomac, & plus facile à digerer comme elle la rend
desia par sa qualité mordicante
d'vn goust plus releué, & plus ap-
petissant.

Le Manan. Ie n'auois garde
d'oublier la moutarde: car i'ay appris de ma vieille grand-mere,
que:

> *De trois choses Dieu nous garde,*
> *De bœuf salé sans moutarde.*
> *D'vn valet qui se regarde,*
> *D'vne femme qui se farde.*

Le Philosophe. Ta discretion
a pourueu au premier : pour le second, qui est bien plus à craindre,
nous pouuons suiure en toute as-
seurance le sentiment de Salomon,
qui dit ouuertement qu'il hait le

CIII.
De
trois
choses
Dieu
nous
garde.
De
bœuf
salé
sans
mou-
tarde.

CV.
D'vn
valet
qui se
regar-
de.

pauures qui eſt orgueilleux : car c'eſt
là le vray ſens du Prouerbe. Et
pourquoy ne l'aurions non pas en
horreur ? Dieu meſme, au modelle
duquel nous deuons regler nos
paſſions, & moderer nos mouuemens, prend plaiſir à les reualer.
Mais il n'y a rien ſous le Ciel dont
nous deuions faire priere à Dieu
auec plus d'ardeur que ſa bonté
nous garde, que d'vne femme qui
ſe farde : car comme dit ſaint Au-
guſtin, *Quelle freneſie eſt cela, d'al-*
terer la beauté naturelle par l'appli-
cation des peintures : les crimes en l'a-
dultere ſont quaſi plus tolerables : car
là on corromp la pudicité, & icy on
force la nature : ô femme, s'eſcrioit
Saint Ambroiſe, *tu efface les traits*
de la Diuinité, ſi tu couure ta face
d'vne blancheur materielle. Oſeras
tu bien comparoitre, diſoit S. Cy-
prian, *deuant la face de ton Dieu,*
n'ayant pas les yeux, ny le viſage, ny
les cheueux que Dieu a fait, mais
que le Diable a infeſté ? ne crains

CVI.
D'vne
femme
qui ſe
farde-
de.

tu point que ton Createur te remar-
que au iour de la resurrection, & que
quãd tu t'approcheras pour recueillir
les couronnes qu'il t'a promis, il ne te
rebutte, & renuoye? n'apprehende tu
pas que parlant à toy en authorité de
Censeur & de Iuge, il ne te die : Ce
n'est pas là mon œuure : ce n'est pas
nostre image : tu as falsifié ta peau,
tu as souillé ta cheuelure : ce n'est pas
la ta face naturelle?

En effect le visage qu'on voit a
vne femme fardée n'est pas sa face
naturelle, ce n'est qu'vn visage emprunté, à qui la chaleur du Soleil,
ou quelques goutes d'eau dérobét
cet emprunt, pendant que l'âge &
l'artifice luy derobent impercep-
tiblement les ornemens de la nature : car tout ainsi que l'air pa-
roissant pomelé, à cause de la dis-
position des nüages qui se fòr-
ment en la moyenne region, ne
conserue pas long-temps ces figures ; parce que ces vapeurs agitées
par les orages, se joignent les vnes.

CVII.
temps
pome-
lé,
femme
fardée
ne sont
pas de
longue
durée.

aux autres, s'épaiſſiſſent en ſe joi-
gnant, & eſtans epaiſſies enlaidiſ-
ſent le vague de l'air, ou eſtans diſ-
ſipées par la chaleur du Soleil, ou
l'agitation du vent, l'air demeure
en ſa conſtitution naturelle : de
meſme vn rayon du ſoleil lique-
fiant le fard, qui couure ces faces
deguiſées, ou quelques goutes
d'eau venans à les lauer, leur oſte
ce deguiſement, & verifie par ces
experiences que.

CVIII.
Quel-
les per-
ſonnes
ſont ce
qui ne
ſe cou-
chent
iamais
auec
leur vi-
ſage?

Temps pomelé, femme fardée.
Ne ſont pas de longue durée.
Et c'eſt de ces viſages peints
qu'on demande, quelles ſortes de
gens ne ſe couchent iamais auec
leur viſage? à quoy on reſpond,
que ce ſont les femmes fardées,
qui ſont teſtes à double face, l'vne
eſt naturelle, qu'elles portent touſiours, l'autre artificielle, qu'elles
quittent en ſe couchant.

CHAP. XXI.

Voila vne belle teste, si elle auoit
de la ceruelle. L'air du visage.
Iean bon homme coiffé à la
Mosaïque. Il fesse Mathieu. Il
fait comme le pourceau de Saint
Anthoine, il se fourre partout.
Il est comme les Menetriers, il
n'a point de pire logis que le
sien.

Le Menan. IE voudrois a-
uoir payé pin-
te du meilleur sirop de ma caue, &
qu'vn certain visage de plastre de
nostre voisinage eut ouy ce petit
sermon : si vous la connoissiez,
vous diriez bien auec moy, que
ce seroit vne belle teste si elle auoit
de la ceruelle ; mais vous vous

palmeriez de rire fi vous voyez
fon cu, fon cuir, dis-ie, barbouil-
lé comme il eft.

Le Philofophe. De quoy fe mef-
le t'elle?

Le Manan. Elle iouë du lut
pour faire venir l'eau au moulin,
& cependant fon bon homme
de mary, *coiffé*, comme il eft, à
la Mofaïque, paffe le temps dés le
matin à faire chanter le coucou,
& feffe Mathieu tout le refte du iour
ou chez foy ou ailleurs ; toutes-
fois plus ailleurs que chez foy : car
il fait comme le pourceau de Saint
Anthoine, il fe fourre par tout, pour
auoir la lippée franche, fçachant
bien par experience qu'*il eft comme*
les Meneftriers, qu'il n'a de pire lo-
gis que le fien.

CIX.
C'eft
vne
belle
tefte, fi
elle a-
uoit de
la cer-
velle.

Le Philofophe. Tu t'efcoute
parler, mais tu ne t'entens pas : car
ie m'affeure que tu ne côprens pas
la moitié de ce que tu dis : toutes-
fois tu parle affez bien à propos :
car en difant que ta voifine auroit

vne belle tefte, fi elle auoit de la
ceruelle, tu fais connoiftre que tu-
as quelques-fois efté à l'efchole du
finge rapporté par Efope, lequel
ayant rencontré par hafard vne
tefte de bois façonnée de la main
d'vn fculpteur, la manioit & tour-
noit en tous fens, rauy de fa
beauté: mais voyant qu'elle n'a-
uoit point d'Ame & qu'elle ne fe
remuoit qu'au gré de fa brutalité,
il prifa fa beauté, & fit mefpris de
fon infenfibilité. Si ta voifine luy
reffemble, fi elle eft belle, & qu'elle
n'ayt point d'Ame & de vie, c'eft
à dire ny confcience ny vertu, i'en
fais moins d'eftat que d'vne ftatuë
de marbre: les traits que les yeux
chaffieux admirent en fa face font
les indices apparens des vices de
fon cœur: fon vifage eft le tableau
naïf de l'amitié, de là haine, du defir, de l'auerfion, de la ioye, de la
trifteffe, de l'enuie, de la malice,
de la fureur, de la ialoufie, de la
honte, dé la concupifcence, de la

crainte, de l'impatience, du deſeſ-
poir & des impures eſperances,
bref de toutes les paſſions immo -
derées qui gouuernent ſon eſprit.

CX.
L'air
du vi-
ſage.

C'eſt vne monſtre d'horloge, qui
marque les momens & les heures
du temps, les mouuemens & les
reſſorts duquel ſont cachez dans
le cœur. C'eſt vn air (auſſi dit on
l'air du viſage) ou s'eleuent en diuerſes figures les meteores de nos
paſſions; ou paroiſſent viſibles
toutes les couleurs inuiſibles, &
tous les changemens ſecrets de
nos ſentimens, & nous monſtrent
quel temps il fait , meſme nous
preſagent quel temps il fera en
l'interieur , & en l'exterieur des
Perſonnes que nous contem-
plons. On dit auſſi que ces ſortes
de femmes ſont teſtes à trois viſages, l'vn de Moritanie, c'eſt le
maſque de velours, qui leur couure la face, l'autre d'Eſpagne, c'eſt
la ceruſe & vermillon d'Eſpagne
dont elles ſe fardent, le troiſieſ-

me eft de leur pays ou du lieu de
leur naiffance, c'eft le vifage naturel.

Puis donc que cette tefte fans
ceruelle & à triple vifage eft telle
que tu dis, ie ne m'eftonne pas fi
fon bon homme de mary s'amufe
comme tu dis à faire chanter le
coucou.

Le Manan. Ie vous arrefte là.
Dittes moy s'il vous plaift auparauant que de paffer plus outre,
pourquoy l'on appelle Ian bon-
homme, & tous fes femblables?

Le Philofophe. On les nomme
Iean bon homme & non pas *Iean*,
du nom de *Ianus*; qui eftoit vn
des Dieux de l'ancien Paganif-
me, reprefenté auec deux vifages,
dont l'vn eftoit deuant, & l'autre
derriere la tefte; parce qu'ils font
deux qui prefident dans vne mefme maifon, font la befogne qu'vn
feul deuroit faire, & font comme
deux teftes dans vn bonet, &
toutes-fois il n'y en a qu'vn, qui

CXL
Iean.

ſoit mary , qui' ayt la qualité de
Maiſtre , & porte le nom de pere
de famille. On pourroit icy ob-
jecter que l'Adultere deuroit auſſi
pour la meſme raiſon eſtre ſurnommé Ian bon-homme , mais
cela ne ſe pratique pas , premierement parce que le Paillard n'eſt
pas publiquement connu : en ſecond lieu parce que ſuiuant l'or-
dre obſeruè en toute lá nature , &
conformement à l'axiome de la
Philoſophie, *en toutes ſortes de choſes la domination ſe fait par le plus
excellent , & le premier ou plus digne
porte le nom.* Or on ne doute point
que le mary legitime ne ſoit le
Prince de ſa famille , & que le
Ribaut n'y pretend aucun droit
que par vſurpation.   On nomme auſſi coucou le meſme qu'on
nomme *Iean*, non pas par comparaiſon faite auec le coucou, qui va
pondre dans le nid des autres Oi-
ſeaux : car pour cette raiſon le
nom de coucou conuiendroit au
Ribaut

CIXi.
Ian
bon
homme

Ribaut. Cette denomination eſt
empruntée du Coc, non ſeulemét
parce qu'il va au change, & coche
pluſieurs poules, auſſi bien ſur le
fumier des voiſins que ſur le ſien;
mais auſſi parce qu'il a la creſte
fourchuë & cornüe ſur la teſte.

On dit pour le meſme ſuiet qu'il
eſt coiffé à la Moſaïque; parce que
Moïſe eſt ordinairement depeint
auec deux rayons ſur le front.

Tu dis donc que ce bonne homme de mary coucou coiffé comme
il eſt à la Moſaïque feſſe Mathieu
le long du iour. C'eſt vn eſtrange
terme, & ſi l'vſage ne me l'auoit
pas fait connoiſtre, i'aurois de la
peine à l'entendre; mais ie ſçay
que pour ſignifier qu'vn homme
preſte ſon argent à v.ure, on dit
qu'il feſſe Mathieu C'eſt vn abus
au terme qui s'eſt gliſſé par ignorance: car on deuroit dire comme
on a dit des le commancement, *Il*
fait Saint Mathieu ou *comme Saint*
Mathieu; d'autant qu'il eſt vſurier

comme estoit l'Apostre Saint Mathieu auant sa conuersion. C'est
le vray moyen d'amasser beaucoup
de bien : & se fourrer partout

CXV. comme le pourceau de Saint An-

Faire thoine, pour y auoir la lippée;
comme c'est le moyen d'espargner : & tous
le pour les deux ensemble sont les deux
ceau souuerains moyens de faire vne
de saint bonne maison & de deuenir riche.
An- Mais cela est mesquin, vilain &
thoine sont plus le pourceau que l'hom-
se four- me : car tout ainsi que les pour-
re par ceaux de Saint Anthoine de Vien-
tout. nois, qui est vne grande Abbaye
situéе dans le Diocesse de Vienne
en Dauphiné, ont le priuilege
d'entrer auec leur clochette au
col, qui les fait reconnoitre dans
toutes les maisons du lieu, & s'y
fourrent à toute-heure, parce que
chacun leur donne à manger, &
qu'aucun ne les ose chasser, pour
le respect du saint auquel ils sont

CXVI. voüez ou donnez en offrendes :
Il est de mesme ces Parasites, qui sui-

nent les lopins, se fourrent effron-
tement par tout pour auoir la lippée, & ne sont pas mal comparez
à ces Menestriers qui vont de vilage en vilage, de feste en feste, de festin en festin, pour joüer de leur
flute, & faire bonne chere, qui
n'ont point de pire logis que le
leur, parce qu'ils y font maigre
chere, & qu'il n'y a rien de plus
froid que l'atre.

comme
les Me-
ne-
striers,
il n'a
point
de pire
logis
que le
lieu,

✿✿✿✿✿✿✿✿✿✿✿✿
✿✿✿✿✿✿✿✿✿✿✿✿

CHAP. XXXII.

Vn Grand Seigneur, Vn grand
Clocher, Vne grande Riuiere,
font trois mauuais voifins. Il
fait comme le finge, il tire les
marrons hors du feu auec la pat-
te du chat. Les feves font en
fleur. Haha fromage.

Le Manan. SI la crainte d'vn
puiffant voifin ne
ferroit pas la bride à ce gros cheual, il feroit bien d'autres ruades;
mais vn certain Seigneur de fon
voifinage, qui a l'œil fur luy, &
prend garde à fes deportemens,
fert de frain à fon auarice, & le
contraint à viure plus honnefte-
ment qu'il ne veut : il preffe quelquesfois cette efponge, & prend
à fa confufion le bien de fes

pauures voisins, duquel il s'est
remply pas ses rapines & vsures:
& en tirant, comme le singe, auec
la patte de ce chat les marrons
hors du feu, il retient par l'exemple de celui-cy les autres de mesme
farine.

Le Philosophe. On dit ordinairement *qu'vn grand Seigneur, vn*
grand Clocher, & vne grande riuie-
re, sont trois mauuais voisins : &
quant au grand Seigneur, s'il est
Tyran, vsurpateur, & impie, son
voisinage est redoutable aux Bons
& aux Meschans; mais s'il est debonnaire, equitable, & amy de
iustice, son abord ne fait peur
qu'aux ames abandonnées, & n'e-
stonne que les consciences, qui
sont criminelles. Platon auoit
raison de dire que le Prince ou Seigneur, qui doit estre le Protecteur, & pere de son peuple de-
uient tiran, quand il commance à
prattiquer ce qu'on faisoit anciennement deuant le porche du Tem-

CXVII
Vn
grand
Sei-
gneur
est vn
mau-
uais
voisin.

ple de Iupiter Licéen en Arcadie, où celui qui gouſtoit desentrailles des corps humains, meſlées parmy les entrailles des autres victimes, eſtoit ſur l'heure transformé en Loup. Auſſi le Souuerain ou Seigneur, qui ayant vne fois gouſté du ſang de ſes pauures ſujets, y a pris plaiſir, s'y accouſtume auec tant d'auidité qu'il n'a point de plus rauiſſantes delices, qu'à eſpencher le ſang de ſes plus innocens Vaſſaux : il exille ceux cy, ruine ceux là : *Qui eſt celuy* (diſoit Ciceron) *qui voudroit viure auec toutes les Richeſſes & commoditez de la terre ſans eſtre aymé de perſonne.* C'eſt de ces Grands - Seigneurs, que le voiſinage doit eſtre redoutable : ce ſont ceux là qui ſont mauuais voiſins.

Vn grand Clocher eſt vn mauuais voiſin.

Vn grand Clocher eſt vn mauuais voiſin : parce que le brinbalement, ou ſon des Cloches etourdit tout le voiſinage, ou d'autant que les Ecclefiaſtiques qui ſont obligez

s'aſſembler dans l'Egliſe, de ſignée
par le Clocher , s'ils ſont deſbor-
dez & adonnez aux voluptez, ſont
d'vn abord dangereux , & d'vne
conuerſation peu honorable aux
familles: car ce n'eſt pas ſans ſuiet
que le Prouerbe dit : de trois choſes Dieu nous preſerue, *Du de-*
uant d'vne femme, du derriere d'vne
mule , d'vn Moine de tous les coſtez.

Le voiſinage d'vne grande riuiere n'eſt pas moins à apprehender ;
parce que minant peu à peu ſes
bords par ſon flux iournalier , elle
anticipe ſur les terres & emporte
les heritages & domaines des pro-
prietaires : & par ſes deſborde-
mens extraordinaires : elle fauche
les prairies, moiſſonne les champs,
aſſable toutes les campagnes, & les
rend infertiles.

Ainſi tous les trois ſont telle-
mét à craindre, que ſi i'eſtois contraint de dire mon auis , & de de-
clarer lequel eſt plus à redouter,
ie ſerois en perplexité : toutes fois

Vne
grande
Riuiere
eſt vn
mau-
uais
voiſin.

il me femble que les accidens de
la fuiettion d'vn Seigneur Tyran
ont des circonftances & des confe-
quences plus funeftes aux gens de
bien, parce qu'outre paffant les
limites de fa puiffance, il entre-
prend auffi fur les Ames; bien qu'-
elles ne foiét pas de fa iurifdiction :
car pour dorer la pillule & pallier
fon iniuftice, il violente, ou veut
violenter la pureté des Confcien-
ces à feruir d'inftrument aux ini-
quitez de fa Tyrannie, & s'effor-
ce *à faire comme le finge, à tirer les*
marrons hors du feu auec la patte du
chat : C'eft a dire, à fe feruir du
pretexte de l'innocence des fim-
ples, ou des hommes de bonne
confcience, pour executer fes
mauuais deffeins, authorifer fes
vfurpations, & iuftifier fes iniufti-
ces, au moins aux yeux du monde.

Le Manan. Ha ha fromage,
le prenez vous donc de ce biais?
Vrayement ie fuis des voftres.

Le Philosophe. Qu'elle rifée eſt
cela?le vois bien que les féues ſont
enfleur, & que leur odeur t'a bleſ-
ſé la ceruelle : car encor que l'o-
deur que les fleurs des féues exha-
lent ſoit aſſés agreable ; elle eſt
pourtant nuiſible aux cerueaux
foibles, qui ſont ou ſujets , ou fa-
ciles à eſtre tranſportez: d'ou vient
qu'il y a ordinairement plus grand
nombre des fols quand les féues
fleuriſſent, qu'en aucune autre ſaiſon : & de là vient auſſi qu'on dit
quelques - fois en raillant à ceux
qui font quelque action extraua-
gante & eſtourdie, ou qui parlent
imprudemment, que les féues ſont
en fleur : c'eſt pour cela meſme que ie t'ay donné ce lardon ;
quand ie t'ai veu ouurir la bouche
auſſi grande qu'vn four, pour t'eſ-
crier : *ha ha fromage.*

 Celuy qui a donné commencement à cette exclamation , n'eſtoit
pas fol comme toy ; mais il le con-
trefaiſoit ; ſi ce n'eſt qu'on vueille

dire que tous les Amoureux ſont
fols: c'eſtoit vn ieune Eſcolier, à
ce qu'on lit dans vn liure de Con-
tes, lequel eſtant deuenu amoureux d'vne belle Bourgeoiſe, fut
vn iour vilainement trompé: car
elle le voyant extraordinairement
en chaleur, aprés beaucoup de
prieres & beaucoup de refus enfin
elle luy dit qu'elle conſentiroit
à ſes deſirs, s'il la vouloit baiſer
au cul ſans rire. L'amoureux
paſſionné y conſentit, & le fit;
mais la gaillarde ſe mocqua de
luy, & ne luy tint pas promeſſe.
L'Eſcolier ſe voyant ainſi moqué,
ne penſa deſlors qu'au moyen de
ſe reuenger, & pour cela il s'auiſa
vn ſoir de faire le fol, & s'eſtant
deſguiſé & à demy deſpouillé,
pour eſmouuoir plus puiſſam-
ment ſa Maiſtreſſe à pitié (car la
ſaiſon eſtoit froide) il s'en alla deuant ſa porte, faiſant des poſtures
eſtranges, & diuerſes grimaſſes,
criant ſans ceſſe: *ha ha fromage,*

Ayant fait ainſi durant quelque
temps, la Bourgeoiſe eut pitié de
luy, & dit à ſa feruante : m'amie ce
pauure innocent couchera en la
ruë, & mourra de froit cette nuit,
ouurons luy la porte, & le faiſons
chauffer : la Seruante obeït promptement, & fit entrer le fol diſſi-
mulé, qui ne deſiroit autre choſe.
Il eſtoit tellement deſguiſé, &
auoit le viſage ſi barbouïllé, qu'il
ne fut point recoñnu. Comme il
fut auprés du feu, il ſe mit jambe
de çà jambe de là montrant tout
ce que la nature luy auoit donné,
& ayant ſenty la chaleur, ſes membres commencerent auſſi à reprendre vigueur. Sa charitable hoſteſ-
ſe, aſſiſe à l'oppoſite, regardoit
tout cela, & s'échauffoit dans ſon
harnois, & aprés l'auoir conſideré
attentiuement, elle dit à ſa feruante : ſi nous mettons ce pauure Gar-
ſon hors du logis, il mourra ſur la
ruë ; il eſt fort net & à la chair fort
blanche ; faiſons le coucher au mi-

lieu de nous pour cette nuit. Sai-
mon, c'est bien dit repartit elle, &
l'Escolier qui ne demandoit pas
mieux, s'escria plus fort que de
coustume : *Ha ha fromage.* L'affaire fut faite comme elle auoit esté
proposée, & le côpagnon ne man-
qua pas de iouër aux Dames rabat-
tuës, faisant en qualité de fol, ce
qu'il n'auoit pu faire en qualité de
sage. Le iour suiuant il reuint en
son habit ordinaire rendre visite à
sa Bourgeoise, laquelle continuant
ses railleries, & se gauffant de ses
amours, luy dit par forme de reproche, toutes-fois en riant,

> *Que diriez vous d'vn Vert vestu,*
> *Qui a baisé sa Dame au cu,*
> *En luy faisant hommage?*

L'escolier se sentant piqué eut
la response prompte, & luy rendit
son change, en luy reprochant
galliardement les esbats de la nuit
precedente, & luy dit :

> *Que diriez vous du fil tout nu*

Qui a darſe ſur voſtre cù
En diſant ha ha fromage?

CHAP. XXXIII.

Piſtolets de Sancerre. Eſcorcher le
Renard. ~ uoir la toux du Re-
nard, qui conduit au terrier.
Faire à Dieu barbe de paille,
ou gerbe de paille.

Le Manan. VOus voulez
doncque di-
re que ie ſuis inſenſé, ou pour le
moins que ie le contrefais. Si i'a-
noisàpreſent *vn piſtolet de Sancerre,*
ie vous ferois ſauter la ceruelle
hors de la caboche, & puis nous
verrions ſi vous ſçauriez bien eſcorcher le Renard.

Le Philoſophe Tu me voudrois
donc combattre auec les armes de
Dauid, c'eſt à dire auec vne fron-

CXXI]
Piſto-
let de
ſenceur

de,& m'abatre d'vn coup de pierre
comme il abbatit Goliat : car c'eſt
ce qu'on appelle Piſtolet de Sen-
cerre, depuis le ſiege de cette Ville-là, laquelle, à ce que dit l'Hiſtoire de France, eſtant aſſiegée
par le Mareſchal de la Chaſtre, &
furieuſement battuë l'eſpace de
ſept ou huit mois, fut genereuſement deffenduë par la valeur des
Aſſiegez, entre leſquels l'Hiſtoire
remarque que cent cinquante Vi-
gnerons firent merueilles auecque
leurs frondes, pour la deffenſe de
la place, & les Aſſiegeans, qui en
redoutoient les coups, les nommoient, *les piſtolets de Sancerre :*
ce nom eſt demeuré iuſqu'à pre-
ſant & meſme eſt encore aujour-
d'huy commun par tout le climat
du voiſinage de Sancerre. Et c'eſt
auec vne telle arme que tu me voudrois baſourdir, & *faire eſcorcher*
le Renard, à ce que tu dis. Il te ſeroit facile de le faire en me ſurpre-
nant ; mais il ſeroit impoſſible de

CXXVI.
Eſcor
cher le
Re-
nard.

me faire efcorcher le renard; parce que ie ne fuis pas yure. Quand
vn yurongne rend gorge, on dit
qu'il efcorche le renard; d'autant
qu'en vomiffant il fait vn bruit
femblable à celuy que fait le Renard, quand il crie, ou quand il
vomit en temps de vendange apres
s'eftre foulé de raifins, dont il eft
fort friand.

Le Manan. Crachez pourry,
vous auez touffé; mais i'ay peur
que ce ne foit la toux du Renard,
qui vous conduira au terrier.

Le Philofophe. Tu iuge donc à
m'ouyr touffir que ie fuis proche
de ma fin, & que ie dois bien-toft
mourir; mais ton iugement n'eft
pas bien affis, s'il n'a point d'autre
fondement que ma toux, qui n'eft
qu'vne toux prefente & momen-
tanée: car on appelle toux de renard, vne toux en vieillie, & qui
dure iufqu'à la mort, prouenante
d'vne indifpofition mortelle, qui
eft en l'eftomach. Le Renard eft

CXXV
Auoir
la toux
du re-
nard
qui
con-
duit an
terrier.

ſuiet à la toux, à cauſe, de l'inflam-
mation polmonique dont il eſt
agité. Il touſſe ordinairement en
ſe retirant dedans ſon terrier. De
là vient que quand nous voyons
vn vieillard, ou quelque autre in-
commodé d'vne mauuaiſe toux,
nous diſons que c'eſt vne *Toux de
Renard qui le menera au terrier*,
c'eſt à dire au tombeau.

Le Manan. Donc quand vn
homme ſe ſent imcommodé d'v-
ne pareille toux, il doit trouſſer
ſon ſac & ſes quilles ; & faire ſon
Teſtament s'il a quelque choſe à
leguer.

Le Philoſophe. Attendre iuſqu'à
ceſte heure là, c'eſt donner ce
qu'on ne ſçauroit plus garder. Ne
vaudroit il pas mieux, pendant
qu'on a le temps rendre à Dieu les
biens meſmes, dont ſa bonté nous
gratifie en diſtribuant aux Pauures qui ſont les membres de noſtre Seigneur Ieſus Chriſt quelque
partie de l'abondance de nos biés,

que d'attédre à l'heure de la mort,
qui nous en doit oster l'vsage?

Le Manan. Ce que vous dit-
tes-là, n'est-ce pas ce qu'on appelle *faire à Dieu Barbe de paille , ou
de foarre ?*

Le Philosophe. Cela se pourroit
dire ainsi; mais, à mon auis assez
improprement : car à parler plus
proprement, *faire à Dieu gerbe de
paille* (c'est ainsi qu'il faut dire, &
non pas *barbe de paille*) c'est comme fait l'hipocrite qui couure son
impieté du manteau de Religion,
ou de pieté, & quiconque en fait
de conscience & de religion, où
la charité, se doit monstrer plus
liberal, paroist trop reserué &
chiche, on dit *qu'il fait à Dieu gerbe
de paille :* Ce Prouerbe vint de la
loy des dismes que les Iuifs de-
uoient aux Leuites, si quelqu'vn
ne leur eut donné que de la paille
au lieu de grain il eut commis vne
impieté, & on eut peu dire, qu'il
faisoit à Dieu gerbe de paille, ou

124.
Faire à
Dieu
gerbe
de pail-
le.

de foarre : & par comparaiſon al-
legorique on peut dire que les hi-
pocrites font touſiours ainſi.

✿✿✿✿✿✿ : ✿✿✿✿✿✿

CHAP. XXXIV.

Les Veſpres de Sicile. Les Ma-
tines de Moſco. Les Heures de
Rome. Le Canon de la Meſ-
ſe.

Le Manan. **T**Out en cauſant
nous auons paſ-
ſé *les veſpres de Sicile,* & nous ſommes approchez *des Matines de*
Moſco: car ie crois que les premie-
res *heures de Rome* qui ſonneront,
brinbaleront mynuit parce qu'il y
a deſia pres de trois heures que
le Canon de la Meſſe a tiré la retraitte dans la citadelle.

Le Philoſophe. Vrayement voila peindariſer, & parler en termes

auſſi propres que bien approprieẑ.
Tu appelle donc le Veſpres ou la
ſoirée que nous auons paſſée en-
ſemble *les veſpres de Sicile :* le matin
qui s'approche, *les Matines de*
Moſco: les heur es que ſonne l'horloge, *les heures de Rome :* la piece
d'artillerie qui tire la retraitte, *le*
canon de la Meſſe. Ne ſçais tu pas
groſſe pecore, que le maſſacre
qu'on fit des François l'an douze
cents quatre - vingts vn dans le
Royaume de Sicile, eſt ce qu'on
nomme *les veſpres de Sicile ;* parce
que les Siciliens maſſacrerent à
l'heure de Veſpres le iour de Paſ-
ques tous les François qui eſtoiét
en Sicile ; & que pour vne ſemblable raiſon, c'eſt à dire, parce que
les Moſcouites ſous la conduite
& par l'infidelité du Duc Chouts-
ky aſſaſſinerent Demetrius leur
Empereur, auec tous ſes adherans,
& tous les Polonois qui eſtoient
dans Moſco, le vingt-ſeptieſme de
May de l'an mil ſix cents, à ſix heu-

CIXVII
Les
Mati-
nes de
Moſco.

res du matin, on a nommé cette
funebre tragedie *les Matines de*
Mosco. Quant à ce que tu appelle
les heures de Rôme, ne t'imagine
pas que ce soient des heures com-
passées & minutées par les ressorts
d'vne horloge : ce sont des liures
de prieres selon l'vsage de Rome,
lesquels sont nommées *heures,*
parce que les prieres qui y sont
contenuës sont desparties à certaines heures du iour, ausquelles on a accoustumé de les reciter
comme les Matines au matin: le
Vespres sur le soir: Prime,Tierce,
Sexte,None aux heures designées
par les noms des mesmes prieres.
Pour ce qui touche *le canon de la*
Messe, tu es plaisant, & la pensée
que tu as est grotesque, de te figu-
rer que le canon de la Messe, & le
canon ou artillerie d'vne citadelle,
soit vne mesme chose. Le mot de
canon est vn nom equiuoque, lequel signifie deux choses de diuerse nature, ausquelles il est ap-

cxxvii Les heures de Ro- me,

cxxviii Le Ca- non d. la Mes- se.

proprié pour quelque rapport ac-
cidentel qui eſt entre les deux. Ce
qu'on nomme le canon de la Meſſe, ſont certaines inuocations ou
prieres canoniques & regulieres,
qui ne ſe changent iamais à la Meſſe, & qui en ſont comme la régle.
Les autres oraiſons & ceremo-
nies ſont diuerſes ſelon la diuerſi-
té des feſtes ou des iours ; mais le
canon eſt touſiours le meſme, &
n'eſt pas ſuiet à changer auec la ſo-
lemnité des feſtes. Quant aux Canons ou pieces d'artilleries, on les
nomme auſſi *canons*, parce que le
foudre de leur violence qui abat
renuerſe tout ce qui luy reſiſte, eſt
la regle abſoluë & loy Souueraine
de la volonté des Roys, qui me-
nacét d'abattre l'orgueil de rebelles qui s'oppoſent à leur pouuoir.
Le Cardinal de Richelieu grand
Miniſtre de France ſous le regne
du Roy Louys XIII. l'entendoit
en ce ſens faiſant marquer en gros
caracteres ſur les canons qu'il fit

jetter durant le temps de son ad-
ministration, cette deuise latine:
Ratio vltima Regum, c'est à dire le
dernier raisonnement ou regle-
ment des volontez des Roys. De
plus, ie veux t'apprédre vne histoire memorable d'vn Roy de France: En mil cinq cens quatre vingts
quatre, lors que la ville de Paris
se rendit à l'obeissance d'Henry le
Grand ; le Comte de Brissac &
quelques autres Seigneurs qui
auoient esté du party de la Ligue,
l'ayant conduit dans l'Arsenac, luy
dirent : Sire, vous auez icy quantité de beaux canons : le Roy repartit à l'instant, Ventre S. Gris
ie n'en ay point trouué de plus
beaux que ceux de la Messe.

CHAP. XXXV.

Vous auez assez presché pour boire vn coup. La queuë des Anglois.

Le Manan. VOus auez à mon auis *assez presché* pour boire vn coup, rafraichissons l'artere, & puis voyons la queuë des Anglois.

Le Philosophe. Il est vray que le poulmon s'eschaufe en parlant, & en s'eschauffant qu'il s'altere par son action vehemente, & par consequent il est bon pour la santé de boire vn grand trait pour luy donner du rafraichissement; de crainte qu'estant trop deseisché, il ne soit moins habile à sa fonction naturelle. C'est pour cela qu'on dit ordinairement à ceux qui se sont

engagez en vn diſcours prolixe,
qu'ils ont aſſez preſché pour boire vn coup. Beuuons donc encor
vn fillet, & puis mettons vne fin à
nos propos, & à noſtre conuerſation : car c'eſt ton intention
quand tu dis auec ta grace coutu-
miere : *A la queuë des Anglois;*
mais puiſque tu monſtre que tu
ignore l'origine de ce ſoubriquet
en le rapportant & l'appliquant ſi
mal à propos, ie t'apprendray encor la ſignification de ce terme,
auparauant que de nous ſeparer.

Ce qu'on dit que les Anglois
ont des queuës, ſe peut rapporter
à deux cauſes. La premiere eſt
l'hiſtoire de S. Thomas de Cantorbie., lequel ſe rendant ardent
protecteur & deffenſeur des im-
munitez & priuileges de l'Egliſe
Anglicane contre les deſſeins &
les ordres d'Henry ſecond pour
lors regnant en Angleterre, auquel il s'oppoſoit, encourut la
diſgrace du Roy, lequel ſe plei-
gnant

gnant hautement des empefche-
mens & contradictions que ce
fien vaffal apportoit à fes inten-
tions, & au cours de fes affaires,
donna fuiet fans y penfer à quelques Courtifans de luy faire vn
affront, croyant faire plaifir au
Roy. Pour cét effect ils coup-
perent la queuë du cheual de l'Archeuefque. Le Pape auerty de
l'iniure faite à vn Prelat Ecclefia-
ftique (car il eftoit Archeuefque
de Cantorbie, & Primat d'Angleterre) procede contre les Anglois
par cenfures Ecclefiaftiques. Il
les interdit, les excommunia, &
lanfa contre eux fes foudres fpirituels, par lefquels il les humilia,
& força à vne feuere reparation
de leur crime. Les Peuples cir-
conuoifins tournerent cela en rifée, & fe moquerent des Anglois,
& crians aprés eux : *A la queuë*, *à*
la queuë, parce-qu'ils auoient efté
ainfi mal traittez pour auoir coupé la queuë à vn Cheual.

On peut aussi rapporter ce sou-
briquet aux loix qui furent don-
nées à l'Angleterre par les Roys
qui luy vindrent de Normandie,
lesquelles sont toutes ambiguës,
& suiettes à tant de diuerses inter-
pretations, qu'aprés les plus meu-
res decisions, les Chicaneurs y
trouuent encor à redire; de sorte qu'on peut dire, & qu'on dit
en effet auecque raison, qu'il y
a tousiours quelque queuë : ce
qui donne vne ample ouuerture à
la prolongation des proces; joint
que comme dit Barclay en son tableau des Esprits, l'esprit couuert
& caché de ce Peuple , comme
tenant de l'habitude de son origine, qui est Normandie, est prompt
aux subtilitez, lesquelles remplis-
sent les Cours de procés, d'où est
venuë, comme il est vray sembla-
ble, la fable vulgaire, que les Anglois ont des queuës.

✿✿✿✿✿✿✿✿✿✿✿✿

CHAP. XXXVI.

Les parties Nobles. Vieux Remion.
Sçauoir son monde.

Le Manan. PVisque vous parlez de la queuë,
vous me pourriez bien dire pourquoy celle que la nature a donné
à l'homme, est nommée *parties*
Noble?

Le Philosophe. Tu t'abuse de
croire que le penil, ou pour vser
de ton mesme terme, que la queuë
de l'homme, soit nommé *partie*
Noble : c'est aux testicules qu'on
a donné ce nom. Galien en son
œuure qu'il intitule *Ars parua,*
dit que des parties organiques
d'vn corps viuant & animé, les
vnes sont nobles & principales,
& les autres non principales : que
celles là sont quatre en nombre,

Cxxxi.
Les par-
ties no-
bles.

I ii

sçauoir est le cœur, le foye, le
cerueau, & les testicules. Celles-
cy sont l'estomach, les poulmons,
& autres semblables. Qui diffi-
nit la partie noble, celle qui est
necessaire à la vie: & il faut remarquer qu'vne partie se peut dire
noble, ou à raison de l'indiuidu,
comme le cerueau & le cœur, sans
lesquels aucun homme ne sçauroit subsister ou viure; ou à raison de l'espece, à la continuation
& conseruation de laquelle ces
parties sont necessaires; comme
sont les testicules, lesquels pro-
duisent la semence; qui est le vray
principe de la generation humaine; d'ou il faut tirer cette conse-
quence infaillible, que les testicules sont parties nobles, non pas
au respect de l'indiuidu, lequel
peut subsister sans eux (dont les
Eunuques & les Chastrés seruent
de preuue, puisqu'ils peuuent viure sainement & longuement sans
testicules;) à raison de l'espece,

qui eft perpetuée par leur vertu
generatiue : car fans l'action des
tefticules la fuite de la pofterité
feroit interrompuë, & la race des
hommes finiroit dans l'efpace
d'vn fiecle ; veu que felon l'eftre
perfonnel, & eu efgard à l'indiuidu, les hommes font mortels;
mais par le moyen des tefticules
leur race eft immortalifée & mul-
tipliée iufqu'à l'infiny. *Genus hu-
manum in infinitam pofteritatis fa-
riem tranfmittitur.* Argument infaillible de la nobleffe de ces excellentes parties, qui eftans les
principaux organes de la generation humaine, & pour ce fuiet
qualifiez parties nobles, font auffi les tefmoins apparens & irre-
prochables de la virilité de l'homme, & par ce fuiet nommez *Tefti-*
cules.

Le Manan. Vrayment vous en
fçauez bien d'autres: ie vois bien
que vous eftes vn *Bon vieux Rou-*
tier; puifque vous parlez fi perti-

nement de la noblesse humaine.

Cxxxiii
Vieux
Rou-
tier.

Le Philosophe. Pourquoy me
qualifie tu *Vieux Routier* ? Crois-
tu que ie sois vn coureur, ou homme sans arrest, & que i'aye vsé vne
partie de mes ans à piler la pou-
dre auec les pieds , & à rouler
comme vn vagabond par diuerses
routes de Prouince en Prouince ?

Cxxxiv
Sçauoir
son mô-
de.

Ou bien pour me faire honneur,
entens-tu que *Ie sçay bien mon*
monde, c'est à dire le train & le
cours du monde, & que ie suis
versé, rompu , & exercé aux affaires du monde ; car c'est pour ce
subiet qu'on peut qualifier vn homme *Vieux Routier.*

CHAP. XXXVII.

Bon homme. Poupée.

Le Manan. ENtédez le comme il vous plai-
ra; pourueu que vous ne le pre-
niez pas en mauuaise part: car ie
ferois bien mary d'auoir offensé
vn bon homme comme vous.

Le Philosophe. Si tu entens le 13 s.
nom que tu me donne en me qua- Bon
lifiant *bon homme*, tu m'outrage hôme
sensiblement : car tu me prens ou Co-
pour vn Cocu, ou pour vn Pay- cu.
san, veu q e l'vsage attribue cette qualité à l'vn, & à l'autre. On
appelle vulgairement *Bon homme*
celuy qui souffre ou par vne lasc-
he conniuence, ou par vne crainte seruile, & vne idiote bestise
qu'vn autre couche auec sa fem-

ı ꞏꞏꞏꞏ

me, & triomphe de son honneur;
ainsi le mot de *bon* ne signifie pas
vn homme sage, ou vertueux, &
debonnaire; mais plustost vn homme sans honneur & sans ressenti-
ment, ou insensible à ce qui est ou
doit estre le plus sensible à celuy
qui porte le nom d'homme. Que
si on le qualifie bon homme, c'est
plustost par ironie & derision,
que serieusement, ou par sentiment, & connoissance de la verité : car si on dit que l'honnesteté
de la femme est irreparable estant
vne fois offensée par sa *fragilité*
Nulla reparabilis arte lasa pudicitia
est, deperit illa semel. On peut
aussi dire que l'honneur du mary,
flestry par l'impudicité de sa femme n'est pas reparable.

Bon
hôme
Labou-
reur
ou Paï-
san.
Li. Pol.

Quant au Païsan il est nommé
bon homme pour vne autre raison, & parce-que, (comme dit
Aristote) les Laboureurs sont les
meilleures gens du monde, & que
suiuant l'auis de Socrate, rap-

porté par Xenophon en fa Mef-
nagerie, les plus heureux du monde ne fe fçauroient paffer du fecours de l'agriculture, ny fubfifter, ou viure fans fon ayde ; mais
il faut remarquer que quand on
qualifie le vilageois *bon homme*,
ce n'eft pas tant pour fa probité
acqnife, ou naturelle que pour la
bonté de fa vacation, & l'vtilité
de fon excercice, laquelle a obli-
gé les Anciens à luy donner vn
epithete qui n'appartient de droit
qu'à Dieu feul: car ils nommoient
l'agriculture la voifine & parente
de la fageffe, & furnommoient le
Laboureur, *Bon homme*, & quand
ils vouloient dire du bien d'vn
homme, ils l'appelloient *bon Lat-*
boureur. Scipion eftoit eftimé parmy les Romains vn des plus fages
& vertueux Citoyens de Rome,
& neantmoins il fut rejetté de fes
Concitoyens, & ne put obtenir
par fes brigues l'eftat d'Edile, parce que ayant apperçeu qu'vn fien
I v

Competiteur auoit des durillons
aux mains à force de trauailler au
labourage de fes terres, il luy a-
uoit demandé en fe gauffant de
luy, s'il cheminoit des mains. Le
refus que les Romains firent à ce
grand Perfonnage fut vne approbation autentique de la vie rufti-
que, & vn temoignage certain dè
l'eftimè que ce noble Peuple faifoit des Laboureurs. Les anciens
Perfes n'en faifoient pas moins
d'eftat. Cyrus s'appreftant à aller en campagne auec vne puif-
fante armée, fit preallablement
publier à la tefte des troupes, qu'õ
efpargnà les Villageois, & qu'on
les laiffa viure paifiblement dans
leurs maifons champeftres: Xer-
xes eftant fur le point d'entrer en
Grece auec fes troupes dit à Arta-
banus qu'il feroit la guerre aux
Gens d'armes, & ne troubleroit
point le repos, ny le trauail des
Païfans. Et Strabon efcrit que les
Villageois font bons hommes

(ce font fes mefmes termes) t ien-
nent le fecond rang entre les Indiens. Totila Roy des Gots ne
les eut pas en moindre confideration; & le grand Belifaire General des troupes de l'Empereur Iuftinian contre le mefme Totila, ne
fouffrit iamais qu'ils fuffent outragés en leurs perfonnes ny endomagez en leurs biens. La difcipline militaire des troupes Hollandoifes a pourueu par plufieurs belles ordonnances à la feureté des Villageois, qui en recompenfe ont fait fubfifter leurs armées, & regner l'abondance au milieu de leur camp. Bref, tous les Peuples bien policez ont fait eftat du Païfan, & à caufe du bien que fon trauail produit, ils l'ont honnoré dela qualité de *Bon homme*.

Le Maxan. Ie fçay bien que
vous n'eftes pas Païfan; & pourtant ie ne me repens pas de vous
auoir nommé *bon homme* ; puis
que ie vous connois pour tel, non

pas comme celuy duquel nous
parlions il n'y a qu'vn quart-
d'heure qui a vne femme trouffée
comme vne Poupée, laquelle fait
à ce qu'on dit fon mary bon homme, cocu.

Le Philofophe. Elle eft donc
attifiée comme la femme de Ne-
ron, qu'on appelloit Poupée, laquelle commença à mettre le mafque en vfage, l'ayant inuenté pour
conferuer la beauté de fon teint,
& preferuer fa delicateffe du hale
du foleil, & des autres iniures de
l'air. Les Dames des fiecles fui-
uans ayans fuccedé à fa vaine cu-
riofité, ont aufli herité de fa va-
nité, & de fon nom, en continuant l'vfage du mafque, & c'eft
pour cela qu'on dit encore à prefent, quand on voit vne femme
curieufement aiuftée, qu'elle eft
faitte comme vne Poupée, & les
Poupées qui feruent de ioüet aux
petites filles, font aufli nommées
de mefme pour la mefme raifon.

CHAP. XXXVIII.

C'est vn bon baston à deffaire vn lict. Si les femmes estoient d'argent, elles ne vaudroient rien à faire monnoye, parce que elles ne peuuent souffrir le coin. Dieu a fait les hommes & ils s'appartient.

Le Manan. SI ce n'est pas vne si belle Poupée, au moins c'est *vn bon baston*, & *Vne bonne piece de monnoye.* Si elle estoit ma femme, encore qu'on dit que *Dieu fait les hommes, & qu'ils s'apparient*, ie m'en desferois pourtant.

Le Philosophe. Tu dis quelquefois mieux qu'vn four, encores que tu n'ayes pas la gueule si grande; mais ie crois que c'est sans i

137.
C'est
vn bon
baston
à de-

faire
vn
Lict.

tention : car quand tu dis que *cet-*
te femme est vn bon baston, tu ne
l'entens peut eftre pas, comme le
fage Salomon, qui dit que trois
chofes chaffent l'homme de la
maifon, entre lefquelles il met la
femme fachéufe le fleau d'vne famille, qui coutraint fon mary à
force de cris, & d'iniures de quitter fa maifon, & bien fouuent à
faire lict à part, & à fe feparer de
corps & de biens;à raifon de quoi
on dit que la femme eft vn bon
baston à desfaire vn lict, c'eft à dire à rompre l'vnion du mariage,
& à feparer les corps, qui doiuent eftre infeparables, fuiuant
l'ordonnance diuine. Ie fçay bien
que tu veux dire auec le commun,
qu'elle eft d'vne belle défaitre, ca-
pable de tenter vn homme & de
luy feruir au plaifir de la couche;
mais le vray fens, & l'intelligence
naïfue du Prouerbe eft telle que
ie te la viens d'expliquer Toutes-
fois peut eftre que celle de laquel-

le tu parle, eſt en effeƈt vn bon
baſton à desfaire vn liƈt en l'vn &
l'autre ſens, c'eſt à dire parce que
elle a vne mauuaiſe teſte, & qu'elle eſt de mauuaiſe vie, verifiant le
ſoubriquet, qui aſſeure que ſi les
femmes eſtoient d'argent, elles ne
vaudroient rien *à faire monoye ;*
parce qu'elles ne peuuent ſouffrir le
coing: car eſtans compoſées d'vne
matiere molle, & d'vn eſprit leger,
c'eſt à dire qu'eſtans d'vne com-
plexion inconſtante, & d'vne in-
clination changeante, elles ſont
ſuſceptibles, comme le cameleon,
des impreſſions des obiets differens, qui s'offrent à leurs ſens ſans
en retenir aucune forme.

Quand à ce que tu dis que *Dieu*
a fait les hommes, & qu'ils s'appa-
rient, c'eſt vn Prouerbe Floren-
tin qui regarde la conueriation
ordinaire des hommes, & leur
frequentation ciuile, fondé ſur
l'apophtegme du grand Ciceron,
qui fait dire au ſage Caton, que

158.
Si les
femmes
étoient
d'ar-
gent,
elles ne
vau-
droient
rien à
faire
mo-
noye,

119.
Dieu a
fait les
hom-
mes, &
ils s'ap-
parient,

Ceux qui font pareils en meurs se
recherchent & hantent aisement.
Palingenie disoit sur ce suict que
*Qui veut connoistre vn homme, doit
prendre garde quels sont ses amis,
parce que la semblance des meurs les
fait apparier.*

♣♣♣♣♣♣♣:♣♣♣♣♣

CHAP. XXXIX.

*Seruir vn plat de figures d'Espa-
gne. Donner le Boucon, ou
vn Boucon d'Italie. Il n'y a si
petite beste qui ne puisse sauuer
sa vie.*

Le Manan. IE ne crains pas de
dire, & redire en-
core vne fois, que si i'estois si mal-
heureux que d'auo r vne telle femme, Ie luy seruirois vn plat de figues
d'Espagnes, pour m'en depetter,
ou vn boucon d'Italie.

Le Philosophe. Tu veus dire,
que tu l'empoisonnerois, faisant
allusion à la pratique des Espagnols & des Italiens, qui seruent
de poison, ceux là dans quelque
figues, & ceux cy dans quelque
autre mets. Il faudroit donc bien
prendre garde que ta bouche ne
trahit pas ton cœur, ou que ta langue ne découurit point ta pensée,
de peur qu'elle ne te fit aualer le
morseau que tu luy aurois appre-
sté, & tomber dans la fosse que
tu aurois creusée pour elle : car il
faut que tu sçache qu'*Il n'y a si pe-*
tite beste qui ne puisse sauuer sa vie,
& que bien que la femme soit vn
foible esprit elle est ingenieuse,
subtile, & riche en inuentions,
en ce qui touche sa vie, son honneur, & tous ses autres interests.
La nature a donné du cœur, ou
des armes à tous les animaux, pour
se deffendre de toute violence.
Quand le crapau se sent pressé
sous le pied du passant, il leue le

(marginalia:)
140.
Seruir
vn plat
de fi-
gues
d'Es-
pagne.
141.
Don-
ner vn
bou-
con
d'Ita-
lie.
142.
Il n'y a
si petite
beste
qui ne
puisse
sauuer
sa vie.

derriere, & darde fon venin contre la face de celuy qui l'eftouffe,
pour venger en mourant l'iniure
de fa mort. Si le vermiffeau n'a
pas affez de force pour garentir fa
vie, la nature luy a donné affez
de courage, pour faire en fa deffence quelques foibles efforts, &
tefmoigner fon reffentiment par
le recoquillement de fa queuë.
Les chofes mefmes infenfibles ne
font pas depourueuës de cette in-
clination. C'eft pour cela que
l'eau boüillante, quand la chaleur
du feu trauaille à deftruire fa froideur naturelle: C'eft pour le mefme fuiet que le feu bouffe, quand
la froideur de l'eau artaque fa chaleur : Bref, c'eft pour la mefme
raifon que tous les contraires, a-
nimés, & inanimés fe roidiffent
contre leurs contraires, & repouf-
fent leur violence par la contra-
rieté de leurs qualitez naturelles.
Si les infectes & plus viles creatu-
res ont ce reffentiment, & fi les

choses infenfibles ont cette incli-
nation, crois tu que la femme qui
eft vn fi noble animal, quoy que
foible d'efprit, foit depourueü
de cet auantage ? & fi le dire de ce
grand Capitaine Lacedemonien
Brafidas eft veritable qu'*il ny a fi*
petite befte qui ne puiffe fauuer fa
vie, fi elle a le cœur de fe deffendre,
il eft vray femblable que celle de
qui tu parle, ne s'endormiroit
pas en vne affaire de telle confe-
quence, & qui la touche de fi prés.
Peut eftre qu'il arriueroit au Mary
ce que l'Hiftorien Guichardin efcrit eftre arriué au Pape Alexandre V I. qui ayant refolu d'empoi-
fonner en vn feftin vn certain
Cardinal, fût luy mefme empoi-
fonné, & eftouffé du breuuage
mortel qu'il auoit preparé pour
fon ennemy, vn fien Domeftique
le luy ayant feruy par mefgarde.
Ce n'eft pas fans raifon, dit Fer-
ron, que les Sages ont creu que
Dieu refpand fur les teftes des in-

210   *Les Illuſtres*
uenteurs le mal qu'ils ont premedité aux autres, afin qu'en cette
iuſte reuolution de ſupplices, ils
reçoiuét eux meſmes le mal qu'ils
ont deſſeigné, & machiné contre
leur Prochain.

CHAP. XL.

Ioüer aux Barres. Iouer aux Da-
mes rabatuës. Martin baſton.
Barre ſur vous. Deux teſtes
dans vn bonet.

Le Manan. IL eſt vray qu'elle iouë ſouuent
aux Barres auecque ſon Mary, &
quelques fois aux Dames rabatuës, comme lors qu'il prend Martin baaſton, & qu'elle n'a pas
touſiours *Barres ſur luy.*

Le Philoſophe. Tu dis qu'elle
ioüe ſouuent aux barres auec ſon

143.
Ioüer
auxbar-
res.

Mary , elle ne fut pourtant iamais
aux jeux Olympiques, ou la ieu-
nesse Grecque s'exerçoit à courir,
autant pour la gloire que pour le
prix , qui estoit proposé au plus a-
gile & habile coureur. Ie ne me
sçaurois aussi imaginer qu'ils
iouent à ce ieu auquel les ieunes
gens s'exercent encor quelques
fois, qu'a ██████████████████
rigine du ieu des barres Olympiques, auquel les plus habiles con-
reurs sont les victorieux & gai-
gnent la partie. Les Grecs nommoient ce ieu παλαίσεα: les Latins
ne luy ont point changé de nom,
& la langue Françoise en le nom-
mant le ieu des barres, interprete
le mot & ne change pas le nom : &
si elle differe en quelque chose
d'auec ces autres langues (i'entens
au sujet duquel nous parlons) c'est
parce que les Latins & les Grecs
donnoient le mesme nom tant à la
lice, ou à la cariere, ou se faisoient
les courses , mesme les nombres

tous deux *malaises, paleftra. Pars*
in gramineis exercent membra pale-
ftris: ce que ne font pas nos François. I ne crois pas que ce Vul-
can duquel tu raconte l'hiftoire,
iouë à ce melme ieu auecque fa
Venus. Mais i'entens ton iargon
c'eft que ce bon Iean fort de fon
logis quand fa femme y entre, ou
pour pe   chet fes diuer-
tiffemens, ou pour euitef la tem-
pefte de fes cris ordinaires; ou
bien qu'elle fort quand il entre,
pour aller prendre fes diuertiffe-
mens en quelque autre lieu affi-
gné. La fuitte de ton difcours me

244.
Iou. r
aux Da
mes ra-
batuës.
fait connoitre ta penfée, car tu dis
qu'*elle iouë auffi quelquefois aux*
Dames rabatues: ce n'eft pas à ce
petit ieu de tablier ou de dames,
(nous le nommons ainfi) que les
Flamens nomment d'vn nom plaifant *Muyfe bruyen* (ie n'oferois
exprimer le mot en François, de
peur d'effenfer les oreilles cha-
ftes) tu entens qu'elle iouë à ce

aire battre & abbattre , parce que
son humeur fascheuse , querel-
leuse, & criarde contraint le bon
homme (quoyque naturellement.
asfés patient) à s'eschapper, & à
prendre Martin baston . pour abbattre l'orage ,ou pour mieux dire pour appaiser cette Megere do-
mestique.

Il me semble à voir ta conte
nance que tu as enuie de me que-
stionner , & que c'est si ie ne me
trompe , sur le mot de *Martin*
Baston. Ie te diray pour satisfaire
ta curiosité que si tu auois esté à
Vienne en Dauphiné, tu serois
aussi sçauant que moy en ce qui
regarde ce point : car tu aurois pû
voir en cette Ville là certaines
grandes forges où trauaillent vn
grand nombre d'ouuriers , la plus
part à battre le fer & l'acier, dont
on forge ces excellentes lames
qu'on appelle lames de Vienne,
sur des enclumes & auec des mar-
teaux de diuerse grosseur pour la

145.
Martin
baston.

diuerfité des ouurages ? mais ce
qui y fait le plus grand bruit, c'eſt
vn marteau de la groſſeur du
tronc d'vn aſſez gros arbre, qui
frappe ſur vne enclume d'vne
groſſeur proportionnée auec vne
telle force & impetuoſité que le
bruit qu'il fait à chaque coup qu'il
frappe, n'eſt pas moins eclattant
que celuy d'vn coup de canon, &
eſt ſi viſte & ſi frequent qu'il n'y a
point de langue aſſés prompte
pour en compter les coups. Ne
t'imagine pas qu'vne ſi peſante
machine ſoit ebranlée à tour, & à
force de bras. Briarée auec ſes
cent mains y perdroit ſon temps.
C'eſt vn gros torrent d'eau qui luy
donna ce branle. Ceux du pays
nomment ces grandes forges, ou
boutiques à forgerons (comme il
te plaira les nommer) *Martinets*, à
cauſe qu'elles ſont toutes ſituées
proche l'Egliſe & dans la paroiſ-
ſe de Sainct Martin: & à cauſe des
coups innombrables qui ſe donnent

ment continuellement dans ces
forges par tant de bras & de mar-
teaux, qui y sont employez, & du
bruit & tintamarre qu'on y fait
continuellement : quand on parle de bastonner quelqu'vn, on appelle cela faire iouër Martin baston. Tu me diras que les mar-
teaux & les espées dont on se iouë
là, ne sont pas des bastons, & que
par consequent c'est parler tres-
improprement. Ie l'auouë; mais
aussi il faut que tu confesse que le
mot de *baston* se prend quelquefois pour quelques sortes d'armes : comme quand on dit qu'vn
marteau d'armes est vn mauuais
baston, qu'vne espée est vn bon
baston, c'est à dire vne bonne arme : d'où tu dois conclure, qu'il
est permis auec vne pareille licen-
ce d'vser du mesme équiuoque,
& de nommer Martin baston le
baston auec lequel on frappe, par
vne metaphore tirée des outils &
armes ordinaires de ces martinets.

K

Voila donc vne de tes difficultez
esclaircies par laquelle tu apprens
ce que c'est que *Martin baston*,
mais ie me figure que celuy, qui
s'en jouë, n'a pas tousjours, comme tu dis, Barres sur sa femelle,
c'est à dire l'auantage du jeu, &
que (comme tu n'as pas oublié de
dire) à son tour elle a *barres sur*
luy, pour parler en terme du ieu
des barres, dont nous venons de
parler, ou celuy qui court le plus
fort, & attrappe son Compagnon
dit en le touchant, pour publier
sa victoire, *Barres sur vous.*

. *Le Manan.* Il n'est rien de plus
veritable, mais en parlant, & vous
oyant parler des diuisions dome-
stiques de ce couple si mal appa-
rié, qui deuroient estre, comme
on dit ordinairement, *Deux testes*
dans vn bonet, ie ne sçay si ces sortes de gens sont plus dignes de pas-
sion que de compassion.

Le Philosophe. Certainement ils
sont dignes de l'vn & de l'autre ;

puïsque la chaine que les tient en
vn estat si malheureux, comme
deux forçats dans vne galére est
indiſſolube, ou au moins ne peut
estre rópuë que par la mort de l'vn
ou l'autre, on de tous les deux à la
fois. Tu dis qu'ils deuroient estre
Deux testes dans vn bonet. Dieu va   *Deux*
se bien plus outre: car il dit qu'*ils*   *testes*
seront deux en vne mesme chair: mais   *dans vn*
tu ne l'entens pas en ce sens: tu   *bonet.*
t'accómode au sens du commun
Prouerbe, qui par vne erreur vsi-
tée ou par vn vsage croné dit deux
testes aux lieu de dire trois : car
cette façon de parler est fondée
sur la mytologie du Roy Geryon,
lequel les Poëtes ont feint auoir
eu trois testes ; parce qu'il regnoit
sur trois Isles, sçauoit sur les deux
Isles Baleares, & sur l'Isle d'E-
buſſe; ou comme dit l'historien Iu-
stin , parce qu'ils estoient trois
freres de mesme nom, qui viuoient
en vne si estroitte vnion , & re-
gnoient tous ensemble auec vne

telle concorde, qu'ils sembloient
n'estre qu'vn cœur, & vne Ame,
& ne gouuerner leurs Estats qu'a-
uec vn mesme mouuement, sentiment, & esprit.

Mais nous n'auons pas entre toi
& moy vn estat à posseder & gouuerner, qui ensemble nous oblige
à demeurer inseparablement le
reste de nos iours. Adieu iusqu'-
au reuoir.

FIN.

LE
BALLET
DES
PROVERBES.

Dansé par le Roy, le 17. Fevrier
1654.

La Scene change de face à tous les
Proverbes.

Bonne Renommée, vaut mieux
que ceinture dorée.

RECIT.

I E suis la Renommée, & le monde
souvent
Ne sçait pas discerner la fausse de la
bonne,
Le bien que la Fortune vend
N'esgale point la gloire que se donne.

Le Balet

Par tout ie me dispose à suyure un
demy-Dieu,
Deuant qui trembleront les Roys les
plus superbes,
Mais ie ne pretens en ce lieu
Que de marcher deuant tous les Prouerbes.

PREMIERE ENTREE.

A petits Merciers, petit Paniers.

M.le Comte de Guiche.
M. de Raffent.

II. ENTREE.

Iamais Amoureux honteux n'eust
belle Amie.

La belle Amie. M. le Duc
Damuille.
Les Amoureux honteux. M. de
Ioyeux & M. Balen.
L'Amoureux hardy. M. de la
Chesnaye.
La femme de Chambre. Le Sr de
Beaubrun.

III. ENTREE.

Vn fou en amuſe bien d'autres.

Beauchamp, repreſentant vn fou.
Moliter, Les Srs Langlois, Do-
buet & S. Prix

IV. ENTREE.
Tout ce qui reluit n'eſt pas or.
LE ROY.

M. de Genlis.
Les Sieurs le Vacher, & de
Lorges.

V. ENTREE.

Tel menace qui a grand peur.

Scaramouches Fanfarons. *M^r de*
Sainſtot, Cabou, Bruneau, & les
Sieur Des Airs. Bourgeois qui les
battent. S. *Aignan. M^{rs} Heſſelin*
Bontemps, & le St Verpré.

VI. ENTRÉE.

Entre deux vertes vne meure.

Les Deux vertes. *Mr le Comte de Viuonne, & Mr de Ioyeux.*
La meure. *Mr de S. Aignan, fils.*

VII. ENTRÉE.

Agens de Village Trompette de bois.

Les Srs Babtiste, Geoffroy, Hans, Lambert, du Montier, & le Comte.

VIII. ENTRÉE.

L'occasion fait le Larron.

L'occasion. *Le S, Beaubrun.*
Les Larrons. *Mr le Duc Damuille, & Mr de la Chesnaye.*

IX. ENTREE.

Il faut mieux estre seul qu'en
mauuaise compagnie.

Monsieur le Duc de Ioyeuse. M.
le Comte de Viuonne, M. de Ville-
quier, Mr de Genlis, & Mr de Bon-
temps, & Cabou.

X ENTREE.

On se traitte de Turc à Maure.

Les Maures. LEROY,
Les Srs Verpré, & Beauchamp.
Les Turcs. *Mollier le Vacher, &*
de Lorges.

XI. ENTREE.

Ce qui vient de la Fluste, s'en
va au Tambour.

Vn desbauché. S. Aignan. La

flute. Le Sieur Langlois. Le tambour. Le Sieur le Comte.

XII Entree.

A bon Vin bon Cheual.

Les Sieurs S. Pré, Geoffroy, Des Airs, & Dolinet.

✿✿✿✿✿✿✿✿✿✿✿✿✿

SECONDE PARTIE
du Ballet.

RECIT ET PREMIERE ENTREE.
Armes de Bourges.

Les Srs Lerambert, Baptiste, Geof-
froy, & du Montier,

RECIT.

P*laccia à voftra Afinità*
Perdere la fua grauità
E far veder che fotte vil figura
Vi fono marauiglie di natura
Virtuo'o Afinetto
Tu fei ben gioninette
Et fai fonare, contare, ballare,
Giocare, fcherzare,
Tutte cofe fai fare
Sol ti mança parlare
Canta pure Afinello
Come fei bello.

K vi

II. ENTREE.

A vaillant Homme courte efpée.

Monfieur le Duc de Loyenfe.
Attaquans LE ROY.
*Les Sieurs du Verpre, Beauchamp,
& de Lorges.*

III. ENTREE.

A beau parler qui n'a cure de
bien faire.

Du Mouftier, Pedant. *Baptiffe, &
Geoffroy*, Efcolliers.

IV. ENTREE.

Il ne faut pas fe mocquer des
Chiens qu'on ne foit
hors du Village.
Le Sr Des- iirs, Gentilhomme
champeftre. Les Chiens. *Bonard,
& Lalan, fils.*

V. ENTREE.

Quand les Enfans dorment
les Nourrices ont bon
temps.

Mole Duc Damuille. M de Ville-*
*quier. Les S*ᵗˢ *S. Fré, Langlois & le*
Vacher.

VI. ENTREE.

Le ieu ne vaut pas la Chandelle.
Mrs Bontemps, & Cabox. Les Sieurs
Baptiſte & Lambert.

VII. ENTREE.

Il n'eſt pas ſi Diable qu'il eſt noir
M, le Duc de Roquelaure.

V.II ENTREE.

Chacun cherche ſon ſemblable.
*Les S*ᵗˢ *Dolinet & le Comte.*

IX. Entrée.

Il n'est point de pires sourds
-que ceux qui ne veulent
pas entendre.

Mrs de Sainctot, Bontemps, Cabou,
& Lalen, Les Srs Bruneau, Verpré,
Langlois, Des-Airs.

X. Entrée.
Apres la pance vient la danse.

Le Sieur Dolinet.

XI. Et derniere Entrée.

Les Espagnols inuenteurs
des Prouerbes.

Espagnols. LE ROY.
S. Aignan. *Monsieur de Genlis*
& le sieur Beauchamp Espagnol-
les, *Mollier & de Lorges.*
Fin du Ballet.

TABLE

Des Illuſtres Prouerbes,
contenus dans ce
Liure.

Des Prouerbes.

FIN.

CPSIA information can be obtained
at www.ICGtesting.com
Printed in the USA
BVHW092245301120
594477BV00008B/1076